个人的力量虽然微薄，但教育的力量却是无限的！

守望师道

俞达珍　著

山西出版传媒集团　山西教育出版社

图书在版编目（CIP）数据

守望师道 / 俞达珍著. —太原：山西教育出版社，2018.3
ISBN 978-7-5440-9415-3

Ⅰ. ①守… Ⅱ. ①俞… Ⅲ. ①教育思想-研究 Ⅳ. ①G40

中国版本图书馆 CIP 数据核字（2017）第 198773 号

守望师道
SHOUWANG SHIDAO

责任编辑 刘继安
复　　审 李梦燕
终　　审 杨　文
装帧设计 王耀斌
印装监制 蔡　洁

出版发行 山西出版传媒集团·山西教育出版社
（太原市水西门街馒头巷7号　电话：0351-4035711　邮编：030002）
印　　装 太原康全印刷有限公司
开　　本 720×1020　1/16
印　　张 15
字　　数 211 千字
版　　次 2018 年 3 月第 1 版　2018 年 3 月山西第 1 次印刷
书　　号 ISBN 978-7-5440-9415-3
定　　价 60.00 元

目录 Contents

下编 当代名师

守望传承，师道蔚然

近日收到初中语文老师俞达珍先生新作《守望师道》的电子书稿，老师说，是2013年我们组织的聚会“引爆”了他成书的决心，嘱我一定写几句。师命难违，那就从去年的聚会写起吧。

其实，2013年的聚会是我们班自1985年初中毕业28年后的第一次。有人说“导火线”是微信。去年四五月间有“好事者”建了我们宜川中学1988届高中的同学群之后，一时间点燃了同学们的激情，于是从年级大群分化衍生出高中的班群、初中的班群以及无数的“三五成群”，接着就是“O2O”——从线上的问候聊天到线下的聚餐聚会，互联网思维在我们每一个人身上得到了印证。可以毫不夸张地说，微信改变了中国人的沟通与社交方式。如果深圳的马化腾先生能够看到我这段文字，他一定会发出会心的微笑。由此，我们初中（1）班的聚会就在2013年6月的一个周日下午如期举行了。当年的班长义不容辞地担当起组织者的角色，由于班长长期在公安系统工作，找到了许多早已失联的老同学，还请到了当年的班主任、语文和数学老师。当我得知俞达珍老师也能参加我们班的聚会时，记忆的闸门一下子打开了。虽然俞老师只教了我们初一、初二两年，之后就离开了宜川中学，但是他当年独到的语文教学见解给每一个同学都留下了深刻印象。他对我的影响比对其他人的影响更大，因为我人生中第一篇公开发表的文章就是初二时由俞老师推荐到《少年文史报》发表的。600 字不到的短文记录的是我和同桌的故事，就登在 1983 年 12 月 1 日报纸的头版，在绿色报头下方，文章标题也是绿色的。我至今清晰地记得，当我把报纸拿回家，虽是种田农民但深爱读书的爷爷看到后，脸上流露出的喜悦与自豪的神情。我一直珍藏着那份报纸。在聚会前几天，我特地赶回老房子，找出那张早已泛黄的旧报纸，用手机拍下那一个版面。我想把这样一些有意义、有价值的物件与细节带到聚会上，与大家一起分享学生时代的那些美好，共同回味青春年少时的友谊，感恩老师当年的呵护栽培。之后，与近三十年未曾谋面的俞老师在聚会上重逢，他在我的手机中看到了当年他曾经批改并推荐发表的那篇作文。这就是俞老师说的去年聚会上“引爆”他著书想法的因素之一，那天还有其他同学对当年语文学习的回忆也深深地打动了老师。

俞老师桃李满天下，他肯定记不清我当年的这样一份作业，但是于我而言，这样公开发表的作文对于我的语文学习乃至其他学科学习的激励作用可能是难以估量的。我发现，从初一开学的第一天开始，俞老师不仅注重训练我们的书面表达能力（要求我们每人准备一个日记本写周记），也注意锻炼我们的口头表达能力（开学初要求我们每一个人上台自我介绍），我的作文就是俞老师一年多语文教学成果的体现之一。初中时，几乎每一门功课我都能取得比较优异的成绩，这与老师们的不断鼓励密不可分。虽然我大学读的是工科，但至今已经发表了不少学术论文，也出版了自己的著作，除了专业能力，我的语文水平就是初高中时在老师指导下奠定的基础。我庆幸自己的学生时代能够遇到像俞达珍先生一样的老师们，他们不仅学识渊博，而且师德高尚，他们每天都在践行“千教万教教人求真，千学万学学做真人”的教育理念。去年聚会后我得知俞老师是 1962 年毕业于北师大中文系的高材生，在教学之余，他一直坚持写作，长期研究探索教育教学规律，1999 年退休之后仍然在上海教育战线上发挥余热。如今俞老师已经 75 岁了，他还在出书，为师道之传承鼓与呼。我由衷地敬佩俞老师的职业精神。我们的社会正是因为有像俞先生这样敬业的老师们把教学作为事业，毕生充满着职业激情，才可能人才辈出、薪火相传。

最近听到一些老师侵害学生、学生伤害老师的新闻时，我总禁不住想起当年的老师们，深感幸运。如今翻阅俞老师《守望师道》的书稿，使我百感交集。中华民族自古就有尊师重教的文化传统，老师书中提及的历史故事绝对不能被遗忘，我们需要不断地守望与传承，唯有继往开来，才可能师道蔚然，人民才有希望，国家才有前途。传承师道是全社会的事，让我们每一个人都为守望与传承师道贡献一己之力吧。

可以说是微信等现代化的信息传播方式间接地“引爆”了俞老师对《守望师道》成书的决心，我更希望新科技能助力数字时代师道的守望与传承。我坚信，随着科技日新月异，经济繁荣昌盛，我们最需要继往开来、传承发扬的是包括师道在内的人类文明与文化。

陈超

上海图书馆副馆长、上海科学技术情报研究所副所长

12 月 9 日夜

贺俞达珍老师新作《守望师道》

师生情谊感悟真
天长地久思绪醇
数十风雨目千巡
难忘常思谢师恩
暮年弟子雄心在
恩师教诲牢记心
但愿先生体康健
百岁时节共贺春

学生　苑郑民

守望师道的情怀（自序）

所谓“师道”，是教师进行教育教学工作中，处理各种关系应遵循的理念和行为规范，包括教师对事业的情感态度、行为习惯等。

1962年夏天，我从北京师范大学毕业后走上中学讲台，“传道、授业、解惑”，辗转于北京和上海两地的不同学校，直至退休。尝遍酸甜苦辣滋味，无怨无悔。退休后，我在上海教育学会下属的高中教育管理委员会的内刊《校长之友》当执行编辑，穿梭于一些学校采访，阅读着校长们关于教育改革宏伟事业的绚丽篇章，咀嚼着不同特色的校园故事，丰富了我的阅历。

我与虹口高级中学朱正邦校长的相识还有个故事。之前，我们寄出的《校长之友》退回了，其中就有虹口高级中学。原来，杂志是根据原有校址寄的，但学校已搬迁。于是，我按新地址寻访，校园里文化氛围浓厚，走廊墙壁在“说话”：历届校友中，有数位著名的院士和企业家，他们的事迹光彩照人，与校园绿色生命教育相得益彰。自此，这所与新中国同龄的学校，其发展的历史故事在刊物中得以展示，使更多的读者认识到这所普通高中在老百姓心中的崇高地位。

在中国古代教育史上对于孔颜乐处的追寻，不难觅得颜回到颜之推的《颜氏家训》、颜真卿书法等充满血缘智慧的故事；不过，教育是公益事业，不排除基因的遗传，更多的智慧还是由民族优秀儿女共同创造的。孔子提出的“有教无类”的理念也为世界所认同。孔子从“国之本在家”的角度思考，重视“孝悌忠信”教育，把提高个人道德修养和社会道德水准看成是治国安邦的基础，这种思想至今仍不失其借鉴意义。不过，孔子在强调应把道德教育放在首位的同时，也不忽视知识教育的作用。他说：“好仁不好学，其蔽也愚”，“知及之，仁不能守之，虽得之，必失之”。也就是说，德与智是统一的，两者相依相存、相互渗透。德育要通过智育进行，如若不喜好学，道德观念虽然已有认识，但不能保持，就不能转化为信念，即使得到了，最终也定会丧失。

中国古代“师道”的显著特点是启发受教育者的内心自觉，教人如何“做人”，如何在现实生活中实现“治国平天下”的理想这一入世精神。中国古代教育家提出的“做人”道理，与基督教和佛教教育理念有区别：不是依靠宗教信仰和祈祷，而是强调在学校、家庭及日常生活历练中积累道德行为进行自我修炼；不用站在上帝和佛祖面前，而是在内心世界寻找美丑善恶的标准，追求道德的“自律”，即“为仁由己”的自省和慎独，不断自我完善并追求在人伦秩序和宇宙秩序中的和谐。

孔子说：“其身正，不令而行；其身不正，虽令不从”（《论语·子路》）。孔子认为，教师的行为、道德和作风正派，就是不发号命令，学生也会执行。守望师道，就是要守望这条“底线”。在编辑《校长之友》的日子里，我从中国教育的历史长廊里探索古代的一些名师事迹，并勾勒了他们的画像，同时还在继续追寻；我结识了当前校园里的伙伴，他们讲述的故事让我感动。

孟子说：“得天下英才而教育之，三乐也。”这是中国教育史上第一次提出把培养天下优秀人才当作人生的乐事。我一生都在教育岗位上，做得还很不够，但没有遗憾。我企盼更多的同道一起讲述新的守望师道的故事！

老　桌

外公的老桌，土黄色，三个抽屉、一个小橱的简单构造。而这张老桌已跟随外公近五十年了。

“文化大革命”之前，外公在北京九十一中教书时，这张老桌就已经跟随他了。那时他们都还很年轻，都有着自己的理想与愿望。大学毕业后留在北京教书，外公每天就想着怎么教好学生。一个人在外乡的日子很孤单，老桌算是外公买的一件贵重物品。没有业余的休闲活动，外公下了班就伏案办公。老桌是朋友，也是亲人，就这样一起度过了快十个春秋。看着自己教过的孩子走了一批又一批，老桌背上驮过太多太多孩子们的作业，也见证了孩子们的成长。到现在，那些已经有所成就的毕业生仍然会时常怀念那段青涩的学生生涯，感恩于外公的教导。

终于，外公像是北飞的候鸟回到了南方，老桌也跟着到了上海宜川中学。外公算是当时稀有的大学生，文笔甚好的他被报社选中去做编辑。那时，全家人都在江苏的乡下生活，整个家族只有外公这个“秀才”到了上海。那时的大上海一直都是家人的向往，外公为了圆一个家族梦，带着全家、带着老桌去崇明岛上一个农场的中学教书。外公从上海市中心的区重点中学到了一个岛上的普通初中，只为了一个家。老桌见证了那样的变迁，却依然恪尽职守，即便不再是驮着首都孩子的作业，即便不再是准备上海的孩子的课程，老桌依然觉得幸福。是啊，外公的理想是当一名最好的老师，而老桌也是要见证所有孩子的成长。

老桌就在外公的卧室里，每天和外公一起备课、批作业。老桌身体里载满了书、信、纸等，我也总能在某个角落发现点零食，那种寻到宝物的快乐是伴随着外公“藏宝”伎俩被识破而沾沾自喜获得的满足感。老桌便只想着怎么好好地服侍外公这位年轻的教师。外公工作的时候没有人敢打扰，不然一定会被臭骂一顿。我总是等待着他放下笔的那一刻拉着外公出去散步，再像所有孩子一样要赖和撒娇，使上“敲竹杠”的伎俩。当时不懂“敲竹杠”是什么意思，以为那是不可违背必须执行的要求。童年就在外公的宠爱中如此快乐地度过。

我的小学就在外公教书的初中旁边，为了得到更好的教育，小学毕业后全家努力将我送到上海读书。当时没有一所初中给我借读的机会，仰仗着外公和老桌用整个夏天编辑完成了一本关于学校发展经验的书，帮我争取到一个读书的机会。

老桌经历了太多，从北京到上海，上海城区到崇明，再从崇明回到上海。老桌，那是外公批作业、写文章的地方。后来，它又陪伴着我的学生生涯，依然是写作业、读书。老桌见证了我的成长和外公一生的奋斗，还有我们全家的变迁。

老桌好像又催我读书工作了，它已经老了。但是它承诺，要服侍我一辈子的，还要继续见证家族的未来。

用它的一生……

【附言】这是我外孙女俞璀璀在2002年上初三时，学校老师布置的作业。她以我的桌子从北京到上海市区再到崇明为线索，侧面写了我的经历。文章托物言志，同时又体现了她的成长，还见证了家庭的变迁。外孙女2009年从华东政法大学毕业，现已参加工作。下一代能理解我的苦心，我感到很欣慰。

上编

杏坛先贤

孔子的师道

孔子（前551—前479），生活在礼崩乐坏的动乱年代，社会变化剧烈。他的一生，主要是办学教授弟子。《孔子世家》称孔子弟子三千多人，精通六艺者七十二人。孔子的为师之道，确实值得我们深思。

有一次，子路、曾皙、冉有、公西华四位同窗站在老师孔子身边侍坐，孔子对他们说："你们不要以为我比你们大几岁，就认为我了不起而拘束起来，其实我和你们一样。你们应该放轻松些。"孔子亲切诚恳地坦露心迹，体现大儒风范。孔子还对弟子们说："你们平常不是说没有人知道我的学问和追求吗？如果有人能重用你们，那你们会怎样去治理呢？"

急性子的子路连忙答道："假如有个千乘之国被大国所胁迫并有军队侵伐，里面又闹饥荒，像这样混乱的国家，要是由我子路来治理，那只要花三年时间，便可使这个国家民众勇敢地站起来，并使他们走自己该走的路。"

这是大政治家的抱负，但孔子听了微微"嘻"地一笑，不是笑他说得不好，而是要他继续加油学习。接着，冉有和公西华都谈了治国方略：或发展经济，使人民温饱问题得到解决；或学治理国家的政事并办好外交。然而，只有曾皙站起来回答说："我和他们三位的抱负不同。"

孔子问道："怎么不同呢？"

曾皙说："当三月来到的时候，穿上舒适的春装，约上青年五六个，少年六七个，到沂水里去游游泳、唱唱歌、跳跳舞，优哉游哉！高高兴兴地玩，快快活活地唱唱歌，尽兴而归。"

孔子听了以后，大声感叹！他对曾皙说："我就希望和你一样！"

孔子之所以赞扬曾皙，因为曾皙描绘的理想，就是孔子所追求的"大同世界"！

孔子"有教无类"的教育主张，道而弗牵，只是顺学生之性发展。颜回后来感叹地向人们解释说："夫子循循然善诱人，博我以文，约我以礼，欲罢不能。"

孔子的弟子中，按照特长发展的，历史记载是这样的——

德行：颜渊、闵子骞、冉伯牛、仲弓。

言语：宰我、子贡。

政事：冉有、子路。

文学：子游、子夏。

中国教育史上的因材施教，就是这样总结的。子路临死前，还牢记着孔子外正衣冠礼仪、内正心性品德的教诲，端正自己的帽子，而后离开世界。今天，我们追求的个性化教育，就是遵循这个原则。

上面提到冉有是政事方面的人才，但后来孔子对他的表现很不满意，因为他竟做了季氏的帮凶，为了季氏增加人民的赋税，造成贫富悬殊，使社会动乱。当时，季氏的财富已超过周公时代，冉有想尽办法为季氏搜刮更多的财富。他不仅不听老师孔子的劝告，反而推诿责任。

孔子守望师道，曾声色俱厉地斥责冉有："非吾徒也，小子鸣鼓而攻之可也。"

孔子的教育目标是培养"士"，标准是"君子"——"修己以安百姓"。孔子还说，君子应有"智、仁、勇"修养，追求"尽善尽美"。孔子是中国教育史上第一个提出教育者在"仁"（德）、"知"（智）、"勇"（体）、"美"等方面都得全面培养和发展这一教育目标的"先师"。

孔子的教育思想为中国教育奠定了基础，并产生了深远的影响，他是世界公认的伟大的思想家和教育家。他的《论语》被联合国教科文组织评为"东方的圣经"；遍及世界各地的"孔子学院"雨后春笋般地发展……孔子的教育遗产不只感染着中国，还影响着世界！

操守化德的管宁

管宁（158—241），字幼安，北海朱虚（今山东临朐）人。少笃志好学，与华歆同席读书，“管宁割席”的故事妇幼皆知，管宁尘视金钱、轩冕的操守给人以深刻印象。时天下大乱，闻公孙度令行于海外，遂与同乡学友邴原、王烈等先后渡海，避乱辽东。山东民众纷纷相依随从，在襄平南落户。管宁与公孙度相见，只谈经典，不言世事。管宁筑庐居住在山谷中。当时到辽东避难的人大多数居住在郡城的南边，但管宁却居住郡北，表示他再没有迁移的志向。后来，许多避难者也渐渐跟从他到郡北住了下来。管宁在乡间办学馆，秉承“不学诗，无以言”的先哲教诲讲授《诗》《书》，用口传心授来表达情意。公孙度大悦，还动员乡民前往就学。管宁所居村落，常有乡民为用井水而争斗吵闹，管宁买盛水器具分置井旁，盛满水待之，以供乡邻使用；来取水者悔己所为不当，取水礼让有序。邻居有牛践踏其田，管宁不但不发怒，反牵牛放于荫凉处喂养，牛主大惭。于是，礼让行之辽东。

此时，中原初安，避乱者皆归故土，唯有管宁晏然不动。黄初四年（223），魏文帝曹丕下诏，命在朝公卿举荐有独特品行的君子，司徒华歆当即举荐了管宁。魏文帝即位后，又征召管宁。于是管宁就携带家属浮海回到了故郡。临行前，公孙恭送他到南郊，管宁将公孙度、公孙康和公孙恭前后所资助、馈赠的财物都如数归还给公孙恭。管宁回故乡后，魏文帝下诏，令管宁为太中大夫，管宁坚辞不受。魏明帝即位时，太尉华歆要主动让位给管宁。魏明帝于是下诏说：太中大夫管宁，心怀道德、胸藏六艺。他的清正涵养，足以与古贤相比；他的廉洁清白，也可以著称于当今之世。过去因为遭逢汉室的王道衰落，所以他浮海到辽东遁世隐居。我大魏承受天命以后，他就携儿带女回到了故郡……

管宁对朝廷的表彰淡然处之，品格操守浸润人心。从魏文帝到魏明帝，朝廷启用管宁的征宣诏命一道接一道，但管宁都是力辞。正始二年（241），太仆陶丘一、永宁卫尉孟观、侍中孙邕、中书侍郎王基也都举荐管宁。他们认为管宁入朝应诏或留乡隐逸，这两者虽然一出仕、一家处，道路不同，一俯就、一仰止，异体别流，但对兴隆政绩的积极作用则是一样的。朝廷特地去礼聘管宁，正好赶上管宁病故，享年 84 岁。朝廷就拜管宁的儿子管邈做了郎中，后来升为博士。

管宁清贫廉洁的高风亮节犹如明镜，在历史长河中闪耀光芒……

谈教论育的何晏

何晏（？—249），字平叔，南阳宛县（今河南南阳）人。汉大将军何进之孙，七岁随母入曹操府邸，为曹操所宠爱。聪明俊秀，貌美面白，人称“傅粉何郎”。但何晏在魏文帝、魏明帝时代很不得志，曾以浮华罪遭抑黜。曹爽秉政的正始年间，他受到重用，成为曹爽政治集团里的主要人物。

何晏继承和发展了传统的道家思想，把“道”作为哲学的核心范畴，也是一切事物之所以形成的根本依据。他在《论语集解》中说：“性者，人之所受以生也。”这里的“所受”，自然是指所受于“道”，而“道”却是深奥微妙不可得的。何晏这一观点从自然属性的角度论述人的本质。他把人的先天本性与感情因素联系起来进行研究，他按“性”“情”关系把人分成三类：第一类是圣人，圣人任性循理而无情，所以不因外物干扰而生喜怒哀乐；第二类是贤人，贤人固性当理而有情，所以性率直而情当其理；第三类是凡人，凡人背性违理而任情，为喜怒哀乐等感情因素所役使而不能自拔。

根据教育的本质，何晏分别从人的个体发展和社会发展两个方面论述了教育的价值与作用。何晏引用夏侯玄的话说：“天地以自然运，圣人以自然用。”宇宙以自然之道发展变化，圣人循自然之性修己治人。他又说：“不学而思，终卒不得，徒使人精神疲殆。”这就是说，不接受教育，空做思考，除了使自己精神疲殆之外，最终一无所获。因此，对于“凡所传之事，得无素不讲习而传之者也”，对已接受的教育，还应当经常讨论练习，并去教育他人。何晏十分重视后天环境和教育对人个体发展的重要作用，他对“孟母三迁”极为赞赏。他进而讨论了教育在社会发展中的作用。正始八年（247），何晏给齐王芳上奏："善为国者，必先治其身。治其身者，慎其所习。所习正，则其身正。其身正，则不令而行。所习不正，则其身不正。其身不正，则虽令不从。是故为人君者，所与游必择正人，所观览必察正象，放郑声而弗听，远佞人而弗近，然后邪心不生，而正道可弘也。"何晏认为，善于治国的国君，首先要注意自我教育。自我教育的好坏、恰当与否，决定了他的人格发展。如果他接受了正确的教育，就会有利于养成正直的人格，并通过知识的潜移默化去治理好国家。因此，治理国家的国君应当注意选择正当的教育和环境，远离郑声和佞人，防止他们对自己产生不好的影响。这样，就会做到没有邪心，就可以"为法世法"，自然正直之道就可以得到弘扬。

何晏好老庄之言，与夏侯玄、王弼等同倡"玄学""援老入儒"，认为"天地万物以无为本"，重自然轻"名教"，主张教育以追求生命意趣和精神的超凡入神为目标。出言玄远，相互辩谈，渺不涉世，被世人讥为"清谈家"。不过，何晏谈玄之文，并不全是玄理，有时也涉及社会政治。他在《论语集解》的《为政篇》中说："物类相召，世数相生，其变有常，故可预知。"这样的注文，就包含了作者的政治理想，不同于汉儒的名物训诂。为什么异于汉儒的笺注呢？那是因为重在"借经立论"。在《冀州论》中论古说今："略言春秋以来，可以海内比而校也；恭谨有礼，莫贤乎赵襄；仁德忠义，莫贤乎赵盾；纳谏服义，莫贤乎韩起；决危定国，莫贤乎狐偃；勇谋经国，莫贤乎魏绛……"何晏对于前代的忠臣节士等各种类型人物无不加以称赞，关心社会国家，重视仁德忠义，爱憎分明，很有气势。

“物各有极，任之则条畅”的向秀与郭象

20 世纪 30 年代，中国时局乌云密布，鲁迅先生对柔石等革命青年在龙华被国民党暗杀感到极其愤慨，就迎着刀丛写下了《为了忘却的纪念》。文中说“年青时读向子期的《思旧赋》，很奇怪他为什么只有寥寥的几行，刚开头却又煞了尾。然而，现在我懂得了”。这是说西晋向秀在嵇康、吕安被司马氏所害后，碍于时局而不能多讲的感慨。向秀（约 227—272），字子期，河内怀（今河南武陟）人；郭象（？—312），字子玄，河南人，他俩都慕道好学。他们不仅善于清谈，而且都重视著述。虽然在理论问题上他们有分歧，但在教育思想上却基本保持一致。

向秀、郭象提出了教育应“任性”和“足性”的价值命题：“物各有极，任之则条畅。”万事万物各有各的运动规律，人的“天然”本质也不例外。如果能够听任和充分发展人的“天然”本性，便能得到个体有序无碍的正常发展。在他们看来，人的先天生理条件是后天发展的基础，教育的作用之一便是充实发展这些条件。但仅发展生理条件不足以实现教育的价值，还应当“自师成心”。所谓“成心”，就是意识力量。教育对个体的价值更在于“自师其心”，就是充分发展个体各自的意识潜能。向秀、郭象认为，如果长期接受能够和谐地放任人的本性的教育，就会避免陷于是非之境，充分发展自身各种先天潜力，最终通达于完善的人生境界。

向秀、郭象用“迹”与“所以迹”在教育哲学范畴来讨论世俗教育与理想教育的关系：“所以迹者，真性也。夫任物之真性者，其迹则六经也。况今之人

事，则以自然为履，六经为迹。”意思是说六经这类教育内容只不过是“任物之真性”的现象，世俗的教育只知道追求这些现象，就不能充分发展人的“天然”本性。因此是违背人性的，那么就应当摒弃它们。向秀、郭象继承发扬老庄、嵇康等人的反传统精神，提出“由绝之，则夫学者乃在根本中来矣”。

向秀、郭象认为，对于个体而言，理想的教育强调个性的天然发展。他们以马为例，形象地说明这个问题。善于驾驭马的人会掌握马的能力极限，“任驽骥之力，适迟疾之分”，即使远驾八荒，也不会损伤马的能力，这就是“自任”；不善于驾驭马的人则与此相反，“求其过能之用，故有不堪而多死焉”。所以，理想的教育“用知以求复其自然”，培养“全其性”的品质。在向秀、郭象理想教育的主张中，始终贯穿着“变化日新”的主导思想：“日出，谓日新也。日新则尽其自然之分，自然之分尽则和也。”“日新”是指每天的新变化、新进步。有利于自然天性的充分发掘，也就会促使受教育者的身心得以和谐的发展。

向秀、郭象根据其理想的教育主张，提出他们的教育原则。

第一，因材施教。普通百姓与圣人之间是有差异的，教育的方法也不应该相同。“因其性而任之则治，反其性而凌之则乱。”顺应百姓的性情去调治，就会获得较好的教育效果。违逆了其性情去侵害，就会导致恶果。

第二，循序渐进。他们已经认识到事物发展的内在逻辑顺序：“顺理则异类生爱，逆节则至亲交兵……故当世接物，逆顺之际，不可不慎也。”这就是说，应当根据教育对象能力发展、知识内容内在逻辑结构的顺序去循序连贯地培养。他们把教育比作种植树苗，按照树苗生长规律逐步地培养，而不要急于求成，戕害树苗的天性。

第三，迁善改过。向秀、郭象认为，天下之人都不愿意成为又丑又病之人，如果已经是这种人了，那或是由于过于苛刻的劳役所致，或是因为失却正确的方向而丢弃了天性的缘故。教育不强令他们，却能使他们各自改过而从善。改过是迁善的先决条件，迁善是改过的终极方向。

向秀、郭象提出的因材施教、循序渐进和迁善改过与儒家一贯倡导的某些教育原则有类似之处，具体内容尽管有区别，但还是有异曲同工之妙。

“材性论”的刘劭

刘劭字孔才，广平邯郸（今河北邯郸）人，其家世及早年生活不详，主要活动于公元三世纪前期。皇帝拜刘劭为太子舍人，升秘书郎。魏文帝黄初年间，一度官至尚书郎、散骑常侍，受诏集五经群书作《皇览》。曹睿即位，出为陈留太守，“敦崇教化”，重视社会教育。公元 239 年，受诏完成《都官考课》七十二条。他上疏道，考核百官是国家政治的根本，然而历代不能实行，乃因制度不完善，致使贤愚善恶互相不能区分。陛下以圣人的伟大谋略，痛惜国家纲纪的废弛，内心忧虑，颁下圣明的诏书。

刘劭的著作，传世的有《人物志》，西凉刘昺曾为之作注。

《四库提要》说：“其书至于论辩人才，以外见之符验，内藏之器分，别流品研析疑似……所言究悉物情而精核近理。”《人物志》是中国古代留存下来的第一部人才教育理论专著，是研究刘劭教育思想最可靠的史料。《人物志》探讨了封建统治者如何选拔人才的问题，它适应魏制“九品中正制”量才授官的需要，以“材性论”（辩论才能与德性的关系问题）结合“形名论”，辨析才性差异的各种名目，循名责实，从人的形质（体貌、语言、行动的相应特征），归纳出考核、鉴定的标准。即所谓“观外而测内，察著而知微”。《人物志》中《八观》《九微》等篇，所论教育、心理等方面内容，尤为后世学者所重视。

刘劭认为，教育的本质便是体现“性之所尽，九质之征”的一个过程。如果过程完美彻底，便会造就“兼德之人”；反之，则只会造就“偏杂之材”。在他看来，人的天性在后天能否充分发展（至或违），决定了其后天成材的高低

（兼或偏）。教育的内在价值是减少后天的“违”，充分发展其后天的“至”，尽可能地达到造就兼材、减少偏材的目的。人的后天既有充分发展其“天性”的可能性，也有与之相背离的可能性。前者若不能克服后者，便会戕害“至”的后天发展而让“违”恶性膨胀。教育的作用就是让“至”胜“违”。对于偏材，教育的作用便是发扬长处，弥补不足，达到长善救失的功效。

科学教育的前提是对教育对象客观而准确的认识，需要把握人的个性心理特征及其差异。刘劭专门就此进行了深入的研究，他是中国教育史上运用心理理论系统论证因材施教的第一人。以“观其所短”为例，他认为“夫偏材之人，皆有所短。故直之失也，讦；刚之失也，厉”。这就是说，偏材之人都有缺点和不足，直率的人的缺点是攻讦别人之短，刚正之人的不足是对人的严厉。可见，刘劭的“八观”认识方法含有朴素的辩证法。他正是运用这些辩证方法，对人的个性心理特征及其差异进行了深入的探讨。刘劭的“材性”论认为，质性中庸，擅长思考，可以成为理论家；质性机警，反应迅速，可以成为实干家，如此等等。根据学生个性心理特征，施之以不同的教育，便可以培养适应社会不同需求的人才。这一理论视角正符合我们今天个性化教育的创新之需。

“崇本息末”的王弼

王弼（226—249），字辅嗣，山阳高平（今山东金乡）人。王弼儿童时代深受家学熏陶，他的从祖父就是“建安七子”之一的王粲，王弼的祖父王凯与王粲是堂兄弟。王弼的祖辈都是研究经学的高手。“幼而察慧，年十余，好老氏，通辩能言”，少年得志，享有盛名。与何晏为知交，相与论学，援老入儒，开玄学清谈之风。王弼着重分析了孔子的“性相近”的命题，指出人性“若全同也，相近之辞不生；若全异也，相近之辞亦不得立。今云近者，有同有异，取其共是。无善无恶则同也，有浓有薄则异也。虽异而未相远，故曰近也”。王弼较详细地分析了人的自然属性与道德属性的一致性和差异性。

他既看到了从善恶等道德范畴去讨论人性的理论缺陷，也注意到了人的先天遗传素质“浓”与“薄”的不同，含有一定的科学性。

王弼还把人的先天本性与感情因素联系起来进行研究，他在《周易注·上经》中曾提出，要以“性”约束“情”，使“情”长久地合于正道。他进一步认为：“不性其情，焉能久行其正，此是情之正也。若心好流荡失真，此是情之邪也；若以情近性，故云性其情。”这就是说，能够充分体现“自然之性”的“情”才是“正情”；如果“自然之性”流荡失真，就会产生“邪情”。王弼用“体”“用”关系来看待“性”“情”关系，提出了以“性”率“情”的观点，为论述教育在人的个体发展中的价值问题提供了理论依据。关于“性”与“情”的关系问题，王弼与何晏是有分歧的。何邵《王弼传》中说：“圣人茂于人者神明也，同于人者五情也，神明茂故能体冲和以通无，五情同故不能无哀乐以应物，然则圣人之情，应物而无累于物者也。今以其无累，便谓不复应物，失之多矣。”他认为圣人超于普通人的地方在于其智慧，而与普通人相同的地方则正是其喜、怒、哀、乐、欲等感情因素，智慧超人，才能通达自然之性；感情与人不同，才能以性应物。但是，圣人的感情只是感应于物而并不为物所累。他的这番话显然是针对何晏“圣人无喜怒哀乐”的观点而发。王弼认为，圣人并不是没有感情，他与凡人的不同之处在于能以“性”约束感情，所以他能够“达自然之性，畅万物之情”。王弼认为教育对人的个体发展所起的作用是“养正之功”，所谓“养正”，就是培养自然之性和自然之道。他说：“任自然之气，致至柔之和，能若婴儿之无所欲乎？则物全而性得矣。”自然之性是玄学家所竭力推崇的，要达到像婴孩般没有任何非分的欲望，必须依赖于教育；同样，要达到抛弃一切世俗虚伪名教装饰的“极览”境界，也必须依赖于教育。王弼还论述了教育在社会发展中的作用，他认为家道正而后“天下定矣”，“居于尊位，而明于家道，则下莫不化矣”。这里的“化”是指自然之道的教化。王弼在注老子《道德经》五十七章“我无为而民自化，我好静而民自正，我无事而民自富，我无欲而民自朴”时说：“上之所欲，民从之速也。我之所欲无欲，而民亦无欲而自朴也。此四者，崇本以息末也。”人民受到“道”的教化，就全归于真朴、守于自然。“崇本”是指推崇自然道性；“息末”便是息止世俗不合“道”的名教。王弼的自然之道是其思想的核心。“仁义礼智”是当时世俗教育的核心内容，王弼将它归于“下德”，认为这些仁义礼智说起来好听，但实际上导致了社会的虚伪而无序；世俗名教的产生就是由于丢失了自然之道。不过，王弼虽然抨击了世俗名教，却不把世俗名教与自然之道截然对立，因为世俗教育也有合乎自然之道的地方。王弼注意到了两者千丝万缕的联系，把批判矛头对准丢弃自然之道、一味追求世俗的名教，而不是所有的名教。所以，他只提出要“崇本息末”，而不是“崇本弃末”，因为他们之间也有不可分割的联系：“是故天生五物，无物为用，圣行五教，不言为化。”所谓“五教”便是父子、君臣、夫妇、兄弟、朋友五伦之道德教育。王弼要求用潜移默化的教育去施行，按玄学去教育，“故令人有所属，属之素朴寡欲”。王弼继承和发展了老子自然主义的教育观点，任何教育都不应该违背自然之性。他从自然的角度强调了发展人的天性是有其合理内核的。王弼认为，如果遵循了理想的自然主义教育“以无为为居，以不言为教，以恬淡为味，治之极也”，就会达到理想的社会状态。

正始十年（249）何晏被司马懿诛杀后，王弼被免官，旋病卒，英年早逝，才 24 岁。王弼的宦途不得志，著述的《周易注》《庄子注》《论语释疑》等对后世有影响。唐代孔颖达称王弼注的《周易》“独冠古今”。

“黄金累千，不如一贤”的傅玄

傅玄（217—278），字休奕，北地泥阳（今陕西耀县）人。他出身于官宦世家，父傅轩为曹魏扶风太守，早年失去双亲，加上社会动乱不安，家道中衰。在困难的磨炼中，他志学不辍，养成了刚正坦荡、疾恶如仇的优良品格，由州举为秀才。司马炎称帝以后，他仕途逐渐显达，成为皇帝的宠臣。从政之余，专事讲学、著述。学识渊博、精通音律，于诗精通《乐府》；在哲学上，认为自然界是按照“气”的自然之理而运动的，并把自然界和人类历史都看作一种纯粹的自然过程。他指出：“民富则安乡重家，敬上而重教；贫则危乡轻家，相聚而犯上。”秦统治者“焚书坑儒”，在教育史上“破五教”“去礼仪”“任威刑”，用极其残忍的手段来摧毁学术发展，打击知识分子并严禁私学，自动放弃了教育这一治国的有效方法，激化了矛盾，导致了秦王朝的迅速覆亡。傅玄对此发出了感叹：“伤秦政之为暴，弃仁义以自亡。”他认真总结了这些历史教训，指出法、道的教育理论和措施是行不通的。傅玄认识到传统法家思想和玄学思想给教育带来的巨大冲击，以及教育不振对社会发展的潜在威胁。他勇敢地披露了当时各种承袭旧制的政治弊端，不仅魏晋之际教育的“风俗之流弊”没有予以及时纠正，而且学校也未设立，连个像样的教育设施都没有。“夫儒学者，王教之首也。”傅玄用儒学开导晋武帝，号召其“尊其道、贵其义”，重视人才的教育和选拔。

傅玄提出了德威相济的理想德育论：“夫有正心，必有正德。以正德临民，犹树表望影，不令而行。”这就是说，提倡“正德”之教，就像是树干挺直，影子自然也正直一样，会起到良好的教育效果。但是，人有“好善尚德”和“贪荣重利”的生理选择性和道德双重性，现实中的“正德”之教不可能那样完美。于是，傅玄提出在教育中要德威并济，用惩罚来弥补德教的某些不足。“夫威德者，相须而济者也。”傅玄从人的生理、心理对愉悦和痛苦等刺激所做反应的选择不同，讨论了德教与威刑的不同社会意义及相互关系。德威相济的德育论是傅玄教育思想的核心。

傅玄围绕着举贤育才，提出了教育规划的朴素观点。他从人性的角度阐述人是容易教育的。他说：“人之性如水焉，置之圆则圆，置之方则方；澄之则淳而清，动之则流而浊。”他提出，人才是治国的首要问题，“黄金累千，不如一贤”，这反映了人才观的价值倾向。贤才是统治者治理国家的得力助手，因此，先王把举用贤才作为当务之急。魏晋之际，统治者普遍地认识到人才的重要性。略早于傅玄的刘劭就曾深入地探讨了材性问题，并按照个性心理特性的差异，把人才划分为六类十二种。傅玄则按人才不同的社会作用，将其划分为九类，即：德才、理才、政才、学才、武才、农才、工才、商才、辩才。这九类人才大致包括了道德家、政治家、科学家、教育家、文学家、军事家、农学家、工人、商人和社会批评家。不同的人才发挥不同的社会作用。在这九类人才中，德才、理才、政才、学才是国家管理人才，武才是国家安全力量，农才、工才、商才是国家经济财富的支柱，辩才则担任国家谏议和宣传等方面的工作。傅玄针对当时“散官众而学校未设，游手多而亲农者少，工器不尽其宜”的现实，提出人才教育事业应量化要求。他说：“臣以为亟定其制，通过天下若干人为士，足以副在官之吏；若干人为农，三年足有一年之储；若干人为工，足其器用；若干人为商贾，足以通货而已。”就是说，如果要使社会和谐、稳定、富庶的向前发展，就应该在全国范围内普查全国各个行业需要的人才，并制订出社会对士、农、工、商需求的比例。人才教育规划理论是傅玄教育思想的特色，在中国教育史上属于首次提出，应该肯定他的历史地位。

“提撕子孙”的颜之推

颜之推（531—约590以后），字介，梁朝金陵（今江苏南京）人，祖上是琅邪（在山东临沂）人，是南北朝时期杰出的教育家。颜之推的一生，正值我国南北分裂、群雄割据的时代。他生于梁武帝大通三年（531），卒于隋朝统一以后。他父亲颜勰，仕梁至咨议参军。颜家是典型的士族家庭，世代相传《周官》《左氏春秋》等儒术经典。颜之推少年时即传家业，七岁即能诵《鲁灵光殿赋》，“博览群书，词情典丽”，为人称道。梁武帝太清三年（549），颜之推19岁，便担任官职。然而，接下来几十年间兵祸连天，由梁入北齐，由北齐入北周，最后隋取代周。这几十年中，颜之推遭逢乱世，饱经忧患，三为亡国之人，四为新朝之官。他本是一个高门士族子弟，知书达理，在乱世中苟全性命，他在《观我生赋》中自述“予一生而三化，备荼苦而蓼辛”，可谓阅尽人间变迁。晚年回忆起自己的经历，他写下了著名的《颜氏家训》这部书。

作为中国文化史和教育史上的一本名作，《颜氏家训》包含着丰富的内容。全书共二十卷，主体内容阐述立身治家之法，辨别时俗之谬，训诫子孙。里面有许多知人论世的世故之谈，对南北风俗、士人的喜好、佛道玄谈、鲜卑语传播、俗文字的盛兴、治学作文的方法，乃至音韵字训、典故考证、文艺品第等都有所述。本书目的是为他家族后世传授读书治家处世之道，他要教育子弟如何在治世或乱世中得以保全身家性命乃至重振家业。所以，贯穿本书的一个重要思想是士大夫必须重视教育。他认为：一个人有无知识，决定了他社会地位的高低。一个人如果掌握了知识，例如通晓《论语》《孝经》等儒家经术，虽百世小人，也可为人师。相反，如不读书，即使拥有千载冠冕的荣耀，终将堕落为从事体力劳动的“小人”。他从自己的亲身经历及所见所闻中总结经验，告诉子弟父兄不可常依，乡国不可常保。士大夫子弟想要保持原有的社会地位，只有重视教育。他抨击梁朝全盛时一些贵族子弟不学无术，依靠父兄荫庇得逞一时，结果动乱一来，一个个如丧家犬，而且“鹿独戎马之间，转死沟壑之际”。所以他的结论是：“若能常保数百卷书，千载终不为小人也。”他还进一步提出：知识是一种谋生手段。无论在治世或乱世，一个人要在社会立足，必须有一两样本事：“积财千万，不如薄技在身，技之易习而可贵者，无过读书也。”他认为一个人如明通六经之旨义，涉猎百家之群书，纵然不能增益德行，敦厉风俗，至少可以作为一门技艺，得以自保。社会常变动，一切产业权势皆不可靠，唯有自己储备足够的知识才能屹立不倒。这些都是颜之推的经验之谈，因为他之所以能够一辈子做了四个朝代的官而未堕落为从事体力劳动的“小人”，靠的就是他“一肚子的学问”。正因为重视读书积学，颜之推提倡“早教”甚至“胎教”，又提倡“晚学”。他认为孕妇“怀子三月”时就应“出居别宫”，以便创造良好的居住环境而利于胎儿的身心发育。他还要求孕妇“目不斜视，耳不妄听。音乐滋味，以礼节之”。孩子诞生后，就要有“师保”用“孝仁礼仪导习之”，因为“教之婴孩”，就能“习惯成自然”，收到事半功倍之效。而且幼年阶段是“日月之光”的好阶段，趁势“早教，勿失机也”。至于人到老年，仍应学而不辍，颜之推以曾子、荀况、公孙弘等“老而学者”为榜样，犹如“秉烛夜行”，强胜过“瞑目无见”；主张“失之盛年，犹当晚学，不可自弃”。

《颜氏家训》里的家庭教育思想基本上以儒家的正统思想和品德操行为准，目的在“整齐门内，提撕子孙”，其大部分内容符合封建时代士大夫家庭教育子女的需要，因此，此书得以广泛流传，对后世产生了重大的影响。清人王钺更是在《读书丛残》中称赞此书“篇篇药石，言言龟鉴，凡为人子弟者，可家置一册，奉为明训”。

那么，《颜氏家训》究竟对他的家族起了什么作用呢？颜之推有三个儿子，长子叫思鲁，次子曰愍楚，三子为游秦。思鲁仕隋为东宫学士，唐初时为秦王府记室参军，曾编订其父文集并作序录，使颜之推的著作得以流传；愍楚在隋时为通事舍人，愍楚曾著《证俗音略》一书；游秦在隋时为典校秘阁，唐高宗武德年间，为廉州刺史，迁鄂州刺史，撰《汉书决疑》十二卷，为学者所称道。可以说三个儿子都通过读书而出仕，符合颜氏“干载不为小人”的遗训。颜思鲁的长子颜师古是唐代初年著名学者。唐高祖李渊入关，师古被授朝散大夫，累官至中书舍人，专门为皇帝起草诏敕。唐太宗即位时，官至中书侍郎。师古曾奉命与当时另外一名经学家孔颖达考订“五经”文学，撰《五经定本》，诸儒都叹服，于是颁行全国，成为当时学生的标准读本。颜之推的“五世孙”颜杲卿和颜真卿兄弟两人，皆是“安史之乱”时抗击叛军的名臣名将。其中颜真卿进士出身，为人忠勇刚烈而且清廉，官至太子太师封鲁郡公，史称“颜鲁公”。当然颜真卿为天下人所熟悉的更在于他的书法，他是继王羲之以后又一书法巨匠，正楷和行书都为世所重。直至今天，无数中国人都在学“颜体”，他是中国历史上“人品书品俱佳”的一个典型。由这一点来看，在重视立德树人的当代，《颜氏家训》为后人所重视，实在是很有道理的。

儒学和玄学融合的孔颖达

孔颖达（574—648），字冲远，冀州衡水（今河北衡水）人，孔子32世孙。他生于北朝，少时曾师从隋代大儒刘焯，学成后归家办学。隋大业初，举明经高第，授河内郡博士。隋末，召诸郡儒学博士聚集于东都洛阳举行经学讨论会，孔颖达在讨论中对答如流。到了唐代，历任国子博士、国子司业、国子祭酒。唐太宗为复兴儒学，因“经籍去圣久远，文字讹谬”而诏颜师古、孔颖达等诸儒撰定五经疏义，名曰《五经正义》。

孔颖达主编《五经正义》是一项浩大工程。参与该项工程的除孔颖达外，还有颜师古、司马才章、王恭、王谈等。初稿完成后，又奉敕与诸儒审定，然后上奏。唐太宗为该书命名为《五经正义》，并在诏中对孔颖达等高度嘉奖，但因孔氏总览全书，分别为各《正义》作序，其功最高，故署名都标孔颖达。

《五经正义》恪守“注不破经、疏不破注”的原则，但在所引注、疏外，又旁征博引，汇集诸家经说，贯通诸家，择善而从，从经学自身发展过程而言，它兼有儒道，包纳秦汉魏晋南北朝各种主流思想，反映了隋唐儒、释、道思想融合的时代特点。《五经正义》在经学训诂上成就颇大，它的注解清晰而周详，人们常称“汉注唐疏”，孔疏是唐疏的最高成就。《五经正义》在当时就作为统一官方经学课本用于分科取士；自唐至宋数百年间，每年科举考试，天下士子都将它奉为经典。

孔颖达是隋唐之际一位重要的教育家，他在负责编撰的《五经正义》中采用因文释义，渗透自己教育思想的特殊方式，为后世留下了一笔宝贵的教育遗产。孔氏以自然本体与伦理本位相结合的道论，以礼仁为中心的治国之道和君德论，相互贯通、相互论证，使儒家的政治学说达到一个新的高度。董仲舒的思想体系里，“天”是至高无上的，而“道”是“天”的派生体。而孔颖达则以“道”替代“天”，使“道”成为至高无上的政治范畴。自此，儒家今古文之争、郑学王学之争以及南学北学之争皆成为历史，而融先秦两汉和魏晋玄学所铸成的儒家道论，以全新面貌逐步取代了天人感应论。孔颖达的义疏也兼具训诂诠释、阐明义理和经世致用的作用，也起到了对两汉儒学和魏晋玄学的融合作用。从这里也可以看出唐代儒家思想融合各家的趋向。

“问对育人”的王通

王通（584—617），字仲淹，河东龙门（今山西河津）人。他出生在一个受儒学熏陶很深的家庭，其父王隆是隋初的国子博士。王通精研儒学，立志在政治、学术上有所作为。仁寿三年（603），王通考中秀才，第二年西游长安，向隋文帝上奏《太平策》：“尊王道，推霸略，稽古验今，恢恢乎运天下于指掌矣。”文帝很欣赏，让公卿讨论。但他未得重用，只是被派往蜀郡任蜀王侍读。大业初年，王通从蜀郡归乡著述讲学，决心弘扬儒学，明周、孔之王道。他曾用九年时间钻研六经，撰《续六经》。他说：“服先人之义，稽仲尼之心，天下之事，帝王之道，昭昭乎！”显示出他对重振儒学的气魄和信念。他在河汾之间聚徒讲学，弟子自远而近，常以数百，名重一时。弟子中以河南董常、南阳程允、中山贾琼、河东薛收、太山姚义、太原温彦博、京兆杜淹等为最，其中有的成为唐初名臣。往来受业的，先后达数千人。他的私学树立育人济世的新风，在隋末唐初产生了重大影响。

王通所处的时代是由长期分裂动乱向统一稳定转变的时代。“兴衰资乎人，得失在乎教”，他认为国家兴衰的根源在于人才，政治得失的关键在于教育。要实行王道，就必须重视教化。王通在《中说》中强调，要由教育培养君子“存道心”，“君子之学，进于道；小人之学，进于利”。王通对学生的教育很注重每个学生的个性特点。如贾琼“明而毅”为人正直，“可与行事，临难不变”；薛收“旷而肃”，有仁者之心，“可与事君，人而不佞”。王通坚信，针对学生的特点因材施教，“加之以笃固，中之以礼乐，可以成人矣”。

王通讲学经常采用问对方式，谈志向、说疑问。有次聚集学生谈志向，魏徵表示“愿事明王，进思尽忠，退思补过”；杜淹则说“愿圣人之道行于时，常也无事于出处”。王通让学生谈志向与孔子要学生言志向的思想是一脉相承的。王通在《简易篇》中说：“广仁益智，莫善于问。乘事演道，莫善于对。”这就是说，学生为了进德修业，需要问疑；教师为了随机指点，需要答疑。有一次，学生王孝逸问王通：“天下皆争利弃义，无独若之何?”王通告诉他，君子不应争名利，而应当争符合于道的行动：“仁义其教之本乎!”

王通的问对教学方式与同时代的经学家刘炫是有分歧的。有次他们两人相聚谈“六经”教学，刘炫认为经学流派之异同博而广，应该“唱其端而终日不竭”；王通则提出相反意见“尔以尼父多学而识之耶”？很显然，刘炫是经史兼通的博学家，就炫其博识而“终日不竭”地灌输，与王通注重“问对”的教学是有明显区别的。王通在教学上从容自如，问而皆知，诲人不倦，这与他的学识渊博分不开，与他的高尚师德亦密切相关。他坚持自愿受教为原则，既不拒人门外，也不设法拉拢。他在《述史篇》中说：“庄以待之，信以从之，去者不追，来者不拒，泛如也，斯可矣。”王通认为，当老师要以德为先，“度德而师”，“何常师之友，唯道所存”。

王通作为隋唐时期儒学发展的先驱人物，在教育史上有重大的贡献和影响，其历史功绩不可磨灭。王通去世后门人私谥“文中子”。平日问答之语，由门人薛收、姚义等辑录，仿《论语》编《中子》，亦称《文中子》。

东渡日本传戒的鉴真

鉴真（688—763），广陵江阴（今江苏扬州）人。14 岁出家，18 岁受菩萨戒，受大乘菩萨僧应持的戒律。当时先后为他受戒的道岸、弘景都是律学大师，受他们的熏陶，鉴真对律学的造诣很深。当时，律学除南山宗外，尚有西太原寺怀素的东塔宗和相州日光寺法砺的相部宗。鉴真虽然师承南山宗，但对其余两宗亦能兼及。开元二十一年（737），鉴真46 岁，从长安回到扬州教授戒律，成为独步江淮的律学大师。他在讲授之余，带领僧众设计营造寺舍，缝纳千领袈裟等，这样，不仅增加了僧众生活费用的来源，也解决了住宿和衣着问题。同时，他也积累了大量关于建筑、雕塑的经验和学识。鉴真还精本草通医术，医道甚高，主持过大明寺悲院，亲自烹调药物为贫者治病。天宝十二年（753），鉴真应邀东渡日本传律，第六次渡海终于成功，被奉为日本律宗初祖。日本天平宝字七年（763）五月初六，鉴真圆寂于奈良唐招寺。鉴真是中日文化交流的先驱，为两国的文化交流做出了杰出的贡献，日本人民称他为“日本文化的恩人”。

鉴真东渡传戒，所历艰难不亚于玄奘西行取经。日本佛教界有一种观念，认为中国的僧人“皆以戒律为入道之正门，若有不持戒者，不齿于僧中”。日本政府自圣武天皇即位后，大力宣传佛教；与此同时，为了控制僧籍，并纯洁僧尼队伍，取缔“自度”“私度”，聘请中国德高望重的律学大师，由政府最高学府统一受戒。两个日本学者僧荣睿和普照在中国留学十年，亲历鉴真在扬州大明寺讲律，并前往参见，恳请鉴真东渡传戒。他们恭敬有礼，陈情恳切，使鉴真动容，问众徒：“谁有应此远请?”大弟子祥彦向鉴真解释众僧畏惧的缘由：“路途太远，性命难存。”鉴真说道：“为是法事也，何惜身命！诸人不去，我即去耳。”在鉴真的感召下，当时有21人表示愿意随行。其间的艰难，始料未及。仅以天宝七年（748）第五次东渡为例，开始从扬州出发时颇为顺利，船至东海时，遇上强劲的东北风，船被吹到海南岛南端的振洲。半个月的惊涛骇浪，其艰辛不能以言语说尽，更为悲恸的是，随行的日本僧人荣睿从振洲回扬州途中患病去世。鉴真悲伤过度，加上天气炎热，眼病复发，竟至失明！之后，大弟子祥彦圆寂。面对一连串的打击，鉴真并没有被吓退，反而意志弥坚。最终，天宝十二年（753）第六次东渡日本才实现夙愿。

鉴真东渡日本受到朝野的盛大欢迎，其宗教活动也得到全力支持，天皇圣旨明确表示，“自今以后，受戒传律，一任大和尚”，并授“传灯大法师”位。鉴真和他的弟子除给日本带去了律学、天台宗的教义之外，还在建筑、雕塑、绘画、医学、汉学诗文等诸方面都做出贡献。

1963年，鉴真圆寂一千两百周年，中日两国人民在扬州共同举行了隆重的纪念活动，并为大明寺内兴建鉴真纪念堂奠基。1973年纪念堂落成，位于大雄宝殿东侧。这是一座唐代风格建筑，占地2540平方米。门庭上是篆书“鉴真纪念堂”匾额，中间碑亭内立横式巨碑，正面刻郭沫若书题“唐鉴真大和尚纪念碑”，背面为赵朴初撰写的纪念鉴真圆寂一千两百年的碑文。正殿须弥座上供奉楠木制作的鉴真坐像，闭目冥思，神态坚毅安详，再现一代名僧生前的风姿。1980年，日本唐招提寺森本孝顺长老一行，护送鉴真和尚像回国供奉，在大明寺展出一周，瞻礼者绵延不绝，盛况空前。

“道之所存，师之所存”的韩愈

韩愈（768—824），字退之，河南河阳（今河南南阳）人，世称韩昌黎。他三岁时成了孤儿，随伯父韩会度日，由嫂郑氏抚养成人。孤儿的身世，激发了他勤奋苦读，每日强记数千或数百言。韩愈在《进学解》中借弟子之口讲述他的勤奋：“口不绝吟于六艺之文，手不停披于百家之绝；记事者必提其要，纂言者必钩其玄；贪多务得，细大不捐；焚膏油以继晷，悟兀兀以穷年。”由此，韩愈精通了儒家经典和各家学问，尤为重要的是，他打下了扎实的写作基础。贞元八年（792）韩愈25岁时登进士及第，立志要成为一代文宗。

韩愈先后在地方和京都任官，为人刚直忠义，曾数遭贬黜，坎坷而不改其志。他在教育事业上历任四门博士、国子博士、国子祭酒。任内大力整顿国学、复兴儒学，奏请严选儒生为学官。平时热心指导青年，提携后进，凡经他指导过的学生均自称“韩门弟子”，其中知名者有李翱、李汉和皇甫湜等。韩愈认为教育的目的就是“学所以为道”，道即“先王之道”，“道莫大于仁义”，其宗旨是通过教育使学生重新认识儒家仁义道德，以恢复儒学的独尊地位。

师论是韩愈教育思想的精华。韩愈提倡古文，是为弘扬儒学提供文字载体；而振师道，则是为了崇尚儒学提供人格保障。崇儒学、倡古文、振师道是三位一体的。在《师说》中他把“传道、授业、解惑”作为教师的根本任务，即对学生进行思想品德教育、文化知识传授和解答疑难，发展学生的智力，具有普遍意义。他把“道”作为择师的标准，主张“无贵无贱，无长无少，道之所存，师之所存”，并要求教师首先对“道”有坚定信仰。韩愈师论的提出，是针砭师道失传时弊的，当时耻于为师的风气很盛，历代圣人之道无以传继，而佛道盛行，“丁皆出家，兵皆入道”，使社会结构均衡失调，逆“先王之道”。在文学上，四六排比的骈体绮丽文风流行，耻学于接近口语的新古文……韩愈坚守教育阵地，倡导师道运动，带头收徒授业，以期逐步转变风气。韩愈的教育活动与复兴儒学和领导古文运动相互配合，并促使他的教育思想深入人心。

韩愈的师论之所以广受推崇，在于他的身体力行。他重视学官队伍的建设，针对原来学官“多循资叙，不考艺能”的时弊，力主学官以实际才学为标准选任，不只以年资。韩愈推荐张籍为国子博士，列举张籍的条件“学有师法，文多古风，沉默静退，介然自守，声华行实，光映儒林”（《举张籍状》）。严格的学官队伍建设不仅杜绝了不学无术的皇亲国戚混进学官的漏洞，而且还扭转了当时松弛的学风。原来国子监规章松懈，学官不讲，学生不学，如一潭死水，“韩公来为祭酒，国子监不寂寞矣”。韩愈不论在朝廷，还是在地方，都竭力发展教育事业。元和十四年（819），韩愈反对唐宪宗迎佛骨而被贬到广东潮州，他不仅为当地百姓消除鳄鱼之患，还针对州学荒废的现状，捐资兴办潮州州学，并延请学官，促进该地区文化教育事业的发展。韩愈写《子产不毁乡校颂》，既歌颂先秦的郑子产保存乡校的精神，又展现他倾心发展教育事业的一代师表。“千里马常有，伯乐不常有”，韩愈呼唤千里马，呼唤伯乐，既凝聚了他的尚贤思想，又是韩愈以“伯乐”自喻的光辉写照。

韩愈是唐后期儒学教育思想的主要代表，他反对轻视教育、反对旧社会的习俗，对后世产生了深远的影响。

“弟子不必不如师”的李翱

李翱（772—836），字习之，陇西成纪（今甘肃静宁）人。博学好古，师从韩愈，善写文章。贞元十四年（798）登进士第，授校书郎。元和初为国子博士兼史馆修撰。《新唐书》称李翱是韩愈的学生，“翱始从昌黎韩愈为文章，辞致浑厚，见推当时”。李翱确实是韩派著名散文家，是古文运动的积极参与者，与韩愈有深厚的师生情谊。

李翱尊敬韩愈，但又不囿于韩愈的理论，而是敢于修正。他的思想最具特色的是从哲学高度以儒融佛，提倡著名的“复性”论，这是对韩愈性三品说的修正。因为韩愈认为人性三品不可改变，这就等于告诉下品的人，即使修身养性也无济于事，这样就不能给穷苦的社会成员指出一条出路，也就难以同佛教、道教争夺群众。李翱结合了《中庸》和孟子的性善论，提出了复性说：“人之所以为圣人者，性也；人之所以惑其性者，情也。喜、怒、哀、惧、爱、恶、欲七者，皆情之所为也。情既昏，性斯匿矣。”他形容说，善恶被七情所遮蔽，好像清流被泥沙所搅浑，光明被烟雾所笼罩一样，“百姓溺之而不能知其本者也”。在李翱看来，圣人之性人皆有之，因此，要想成为圣人，只要去情复性就可以。然而，去情复性并非一蹴而就，需要有个“循而不息”的过程。“复性”的方法，一要遵循礼教，二要去掉嗜欲，三要扩充本性，四要停止思虑，这样才能到达圣人的精神世界，也就是《中庸》的“至诚”境界。很显然，李翱所阐述的圣人之“性”与佛教的佛性相融了，这就是李翱以儒融佛的高明之处，也是复性论比韩愈性三品说的高明之处。

"弟子不必不如师"，李翱勇敢地走到老师的前面。李翱从传统伦理角度反对佛教，态度是坚决的，与老师韩愈一样，对于佛教这种理论方法，他持批判吸收的态度。李翱在反佛的同时考虑到要"知其心"、要"以佛理证心"，吸收佛学的理论方法来充实儒家的心性理论。以儒融佛，从哲学理论的高度将儒佛加以融合，是李翱的思想特色，这为宋代理学吸取佛学开辟了道路。

李翱对宋代理学是有影响的。他们沿着李翱的去情复性的理论，口号逐步发展为"存天理，灭人欲"，同时从韩愈、李翱推崇《孟子》《大学》《中庸》等过程中受到启发，将《论语》《孟子》《大学》《中庸》合编为"四书"，使"四书""五经"并列为儒家经典著作，似高擎的思想火炬，映照着昏黑的历史夜空。

白鹿洞书院的李渤

李渤（773—831），字浚之，白鹿洞书院的奠基者。他为人聪颖，不求仕进。唐德宗贞元年间（785—805），隐居于庐山五老峰东南栖贤寺。李渤在其居处曾蓄养白鹿一头，相当温顺，行常自随并能听从驱使，入市沽酒、传递信件。这头白鹿被当地居民奉为神鹿，并将李渤称为白鹿先生，将他居住的地方称为白鹿洞。后人将栖贤寺古迹称为李渤读书处。

李渤隐居时亦曾优游于山石林泉之中，访寺庙，游古迹，考察历史名胜。他曾到湖口石钟山，考察过石钟山名之由来。他曾“跻崖”“穷洞”，“询诸水滨”，访其遗踪，写了《石钟山记》。后人因苏轼《石钟山记》负盛名而认为李渤考察石钟山之“陋”，并视之为“反面教材”。其实，李渤对石钟山的考察还是比较实事求是的。李渤隐居庐山时曾写《游西林寺》云：“卜地初心在此山，水能生月即离尘；如今再结林中社，可羡当年会里人。”可见，李渤在山中交友颇广，仿前人结社之举，与其他隐居者有结社活动。

元和初，唐户部侍郎李巽和谏议大夫韦况荐，唐宪宗诏以右拾遗，李渤上书辞。其时洛阳令韩愈作《遗李渤书》劝其出山，李渤善其言而出山，家居东都洛阳。元和十五年（820）穆宗即位，召拜李渤为考功员外郎。李渤“不避权幸，皆行升黜”，后出为虔州刺史。李渤在任江州刺史时又曾对白鹿洞旧居加以修缮，植木、引流，创建台榭，使之成为一处名胜。李渤还创建景星书院和李渤书堂。在中国教育史上，白鹿洞书院颇引人关注。唐末时，书法家颜真卿后裔颜羽率领弟子三十余人，在白鹿洞传授儒家经典。到了南唐，朝廷在此建立学校，称庐山国学，也称白鹿洞国庠，国子监有位叫李善道的先生为洞主，培养了一批人才。到了宋代，特别是南宋淳熙六年（1179），朱熹知江西南康军，重建白鹿洞书院，为书院订立学规，对书院教学的目标、为学之序、修身接物处世之要做了明确的规定，致使李渤奠基的白鹿洞书院更加兴旺。应该说朱熹对白鹿洞书院的修复就包含着对李渤的敬仰，他在著名的《白鹿洞赋》中写道："昔山人之隐处，至今永久而流芳。"清代学者王昶称它为"天下书院之首"。与白鹿洞书院并称"天下四大书院"的还有河南嵩阳书院、湖南岳麓书院、河南应天府书院。也有学者认为应当是白鹿洞书院、石鼓书院（湖南衡阳）、应天府书院和岳麓书院，此外还有茅山书院等。这些书院的发展大体都与白鹿洞书院有相似之处。开始时是一些私人藏书读书之处，后来聚徒讲学，到宋代由某个名人主持修复，于是名扬天下。例如湖南长沙的岳麓书院，原来是一座佛寺，宋太祖开宝九年（976）由潭州太守朱洞创建为岳麓书院，后来学者周式主持书院，由宋真宗亲自接见并亲书"岳麓书院"匾额，于是天下皆知。再如河南的嵩阳书院，在河南登封太室山（嵩山）南麓，北魏时为嵩阳寺，唐代为嵩阳观，五代后周时改为太室书院，宋太宗至道二年（996）赐"太室书院"匾额以及儒家《九经注疏》，宋仁宗景祐二年（1035）下诏，更名为"嵩阳书院"，于是闻名天下。

这些书院不同于官学也不同于私学。宋元时期的书院往往是真正研究学术的地方，也是读书的地方。朱熹之所以热衷于在书院讲学，是因为他不满宋代读书人太讲功利。他曾经批评说："所谓太学者，但为声利之场，而掌其教事者，不过取其善为科举之文，而尝得隽于场屋者耳。"所以他要发扬当年孔子诲人不倦的精神，鼓励学生读书。书院的读书风气非常浓厚，允许并鼓励不同学派争论。教学方式比较开放，采用问难辩论式，师生关系平等民主。

“交以为师”的柳宗元

柳宗元（773—819），字子厚，河东解县（今山西运城）人，人称柳河东，曾任柳州刺史，故又称柳柳州。他出身官僚世家，资质聪颖，又勤奋好学，受过儒学传统教育，时人赞其“精敏绝伦”。贞元九年（793），柳宗元及进士第，次年考中博学宏词，为集贤殿正字。他在政治上反对特权阶层的压榨，认为官吏的职责是“役于民而非役民”，曾与刘禹锡等参加王叔文集团的政治革新，败后贬为永州司马，对百姓痛苦充满同情，《永州八记》等文著于世，与韩愈同为古文运动的倡导者。

柳宗元从事教育活动的重要方式是对青年学生的个别指导和通信。在长安时他支持正义的学生运动，国子司业阳公贬道州刺史，太学生深为不平，群集宫门请愿，时柳宗元为集贤殿正字，致书太学生，对他们的行动表示同情和劝慰。他把这一事件与东汉太学生为李膺请愿和曹魏末年太学生为嵇康集体请愿这两次行动相提并论，其寓意不言而明。柳宗元与青年学生的心是相通的，他在《报袁君陈秀才避师名书》中说：“住在京师，后学之士到仆门，日或数十人，仆不敢虚其来意。”据《新唐书》载，柳宗元迁柳州刺史，“南方为进士者走数千里从宗元游，经指授者，为文辞皆有法。”可见，柳宗元一生的教育活动，凡来者皆不拒，对不同类型的青年都诚心教诲。就在迁柳州时，已是生命的尽头了，他还主持修复了文庙和州学，使当地文化教育得到发展；还修复了大云寺，利用佛教以佐儒学，融佛于儒，转变当地少数民族好斗的民风。

柳宗元是韩愈倡导师道的同行者，却在表述上是不同的。魏晋时儒学衰微，师道不被重视，此风流传至唐。韩愈为破除这种社会风气，不顾舆论压力作《师说》，公开举起师道的旗帜。柳宗元是他的盟友，在《答韦中立论师道书》中集中表述他的观点："由魏晋以下，人益不事师。今之世，不闻有师，有辄哗笑之，以为狂人。独韩愈奋不顾流俗犯笑侮，收召后学，作《师说》，因抗颜而为师。世果群怪聚骂，指目牵引，而增与为言词，愈以是得狂名。"柳宗元认为，韩愈身居显位，不顾流俗，抗颜为师，堪为中流砥柱。柳氏写信给韦中立时受贬永州，不愿受师之名，故曰"取其实而去其名"，以谦虚诚恳的态度介绍自己读书写作的丰富经验，使韦中立取"实"去"名"，可谓用心良苦。柳宗元则以自己学习儒学成长的体验来针砭当世众多不尊师道迷惑未悟之人，"不师如之何？吾何以成！不友如之何？吾何以增！"（《师友箴》），"言道、讲古、穷文辞以为师"（《答严厚与秀才论为师道书》）。柳宗元的师道理论基于反天命思想，他认为人的才能与德性均非天赋，而是个人努力的结果。教育的目的在于培养"济世安民"的君子，只有"尊道"才能"行道"，"道假辞而明，辞假书而传"，故学习应以《五经》为本，参与诸子百家言，即使佛道之言凡与儒道合者皆佐教化。

在教学方法上柳宗元主张顺从天性，创设一定条件，依人的发展规律自然成长，重视求师问道之"实"，不强调师、弟之"名"，朋友之间可"交以为师"，相互学习。

“人诚务胜乎天”的刘禹锡

刘禹锡（772—842），字梦得，洛阳人，祖籍中山（今河北定县）。德宗贞元九年（793）考取进士，继登博学宏词科，授太子校书。他参与“永贞革新”，失败后被贬为朗州刺史，再贬为郑州司马。公元819年，柳州刺史柳宗元的生命走到尽头。临终前，他将著作草稿托付给刘禹锡。刘禹锡手里托着柳宗元全部著作的遗稿，沉甸甸的，特别是柳宗元的《天对》《天说》《贞符》等对于天命论和“天人感应”神学的批判文章，不由得想起他们之间的交往，他决心不负挚友之托，将其著作编纂刊行于世！

刘禹锡在被贬朗州时看到了柳宗元的《天说》，很兴奋，但又感不足，于是作《天论》上、中、下三篇，以补柳文之不足。刘禹锡《天论》三篇详细论证了天与人的区别和相互作用，提出“天人交相胜还相用”和“数”“势”的唯物主义无神论命题，进一步批判天有意志能干预人事的神秘主义，在理论上与柳宗元一道总结天人关系的争论。柳宗元看到刘禹锡的《天论》后很高兴地说，《天论》“其归要曰‘非天预乎人也。’凡子之论，乃吾《天说》传疏耳！”（《答刘禹锡天论书》）。当然，刘禹锡《天论》的意义不仅仅是补柳宗元之“疏忽”，而是廓清了天（自然）与人（社会）的区别，显示出天与人之间既有对立斗争的一面，又有统一联系的一面。在这种“交相胜”的关系中，人居于主动地位。因为人是有意识的，能主动地自觉地利用自然改造自然，“人诚务胜乎天”。

刘禹锡整理着柳宗元的遗稿，心中翻腾着两人生活思想的种种故事。读着柳宗元的古文、诗歌，分门别类，分30卷，写完序言，以《柳河东集》刊版问世。

斯人已去，容貌尚存。刘禹锡虽屡遭贬谪，但不相信天命，坚信“人诚务胜乎天”，编完《柳河东集》后于长庆元年（821）冬为夔州刺史。时州学废乱、学生稀少、讲论辍停，原因是“无资财以给其用”。于是罢州县释奠牲牢衣币，取其值一半作为增设州县学校费用，一半给国子监增加设备和改善学官、生徒待遇。刘禹锡尽自己权限而尊师重教。

文宗大和元年（827），刘禹锡被朝廷召回长安，次年三月桃花盛开时节，他又游览了玄都观。旧地重游，满目荒凉，当年灿若红霞的仙桃荡然无存，使他感慨无限：此时距“桃花诗案”再贬连州已度过漫长的十三年。这十三年中唐朝皇帝一连换了四个，宪宗、穆宗、敬宗先后被专横跋扈的宦官谋杀或挟持。当年玄都观道上手植仙桃千树，花开满观，灿若红霞。长安城万人空巷，人们都纷纷涌向玄都观赏桃花，刘禹锡曾作《元和十年自朗州承召至京，戏赠看花诸君子》诗：“紫陌红尘拂面来，无人不道看花回。玄都观里桃千树，尽是刘郎去后栽。”此诗一出，顿时传遍长安城。由于这首诗触动了那些素嫉刘禹锡的新贵们的神经，立即以诗为口实，以“语涉讥讽”为罪名将刘禹锡贬谪为连州刺史。十三年过去了，当年那些如“三月桃花一时红”的新贵们，倒的倒、垮的垮，如鸟兽散；而自己在这十三年的贬谪生涯和坎坷遭遇里懂得更多：新贵们可以用君权神授的把戏将我逐出长安，但我刘郎还是回来了！于是，他即景又写了一首语意双关的《再游玄都观绝句》：“百亩庭中半是苔，桃花净尽菜花开。种桃道士归何处，前度刘郎今又来。”这首诗在内容意境上都是上诗的续篇。这首诗不仅仅讽刺了那些权贵，而且也抒发了自己的不屈意志、独特感受。刘禹锡在这首诗的序言中明确谈到自己“以俟后游”，向新贵继续挑战。果然，此诗一出，“执政又闻诗，滋不悦”（《旧唐书·刘禹锡传》），刘禹锡又被迁至东都洛阳，任太子宾客的无权闲官。不过，他那“人诚务胜乎天”的信念还是坚定不移的。

“以天下为己任”的范仲淹

范仲淹（989—1052），字希文，苏州人。据史记载，范仲淹是唐朝宰相范履冰的后代，世居河南，中原战乱，其后裔的一支迁居江南。祖父范赞时任吴越国秘书监，父亲范镛从钱俶归宋，任武宁军节度掌书记，母姓谢。范两岁丧父，家境衰落，母改嫁朱氏，范仲淹改姓朱。少有志操，既长，范仲淹在著名大儒戚同文门下读书，励志自强，“昼夜苦学，五年未尝解衣就枕。夜或昏怠，辄以水沃面。往往饘粥不充，日昃始食。人不能堪，仲淹不苦也”。范仲淹博通六经，尤精于《易》，为文章论说，必本于仁义孝忠信。宋真宗大中祥符八年（1015）考中进士，为广德军司理参军，迎其母归养。改集庆军节度推官，复姓，更其名。因母丧丁忧去官，晏殊知应天府，闻范仲淹名，召置府学教官，“学者多从质问，为执经讲解无所倦”（《宋史·范仲淹传》）。范仲淹屡次上书议国家大事，对当朝宰相吕夷简不能选贤任能上《百官图》予以指责，被以“阉党”之名多次贬迁。范知苏州时得一块宅地，风水先生说此地出卿相。他便表示，“诚有之，不敢私一家”，旋即将该地捐作校舍，即为后来的苏州郡学。范仲淹不仅敢于批评宰相吕夷简没有选贤任能，而且在自任地方官及执政期间，都以广纳人才，奖掖后进为要务。据历史记载：孙复求学期间，范仲淹两次资助孙复，又知孙复因老母无养废学，令他补学职，月得 3000 钱，并授以《春秋》，使孙复得以专心治学。后孙复学有所成，又是范仲淹不拘一格全力推荐孙复为国子监直讲。“泰山三先生”之一的胡瑗，为人清高正直，一生不进科场，以培育人才为职志，创办私学热心教学，范仲淹不拘一格聘任胡瑗为苏州郡学教授。还让自己的儿子范纯祐、范纯仁拜胡瑗为师。后来，胡瑗又任湖州州学教授，积二十多年教学经验，创“苏湖教法”。

范仲淹在景祐三年（1036）贬知饶州，又建饶州郡学，移知润州，又在润州建郡学，拟聘李觏赴任教授。每到一处，范仲淹首先关注如何振兴教育、发展文化之事。从他写的《邠州建学记》《饶州新建州学记》等文可以看出，他已积累了丰富的办学经验。在庆历三年（1043），宋仁宗召范仲淹回朝，任枢密副使，旋拜参知政事（副宰相），与韩琦、欧阳修等主持推行新政，范仲淹著名的《答手诏条拜十事》和《再进前所拜十事》，面对国家“积贫积弱”的形势，提出改革政治、经济、军事和教育等方面的措施，先后以诏书的形式颁行全国。

在文化教育方面，全力举荐与支持胡瑗、孙复、石介等人在太学推行新的教学方法，尤其是“苏湖教法”在第一次兴学运动中发挥的作用更大。孙复、胡瑗都是开“宋世学术先河”的人物，也与范仲淹奖掖后进功不可没。此外，如李觏、张载等人都因受到范仲淹的赏识、启迪而成为儒学大师。《宋史·范惠宣传》中称：“仲淹门下多贤士，如胡瑗、孙复、石介、李觏之徒，纯仁皆与从游。”庆历年间，平民知识分子群体的崛起，以道德人格为内核的平民精神的勃兴，绝非偶然。

“当太平之朝，不能教育，俟何时而教育哉？乃于选用之际，患才之难，亦由不务耕而求获矣。”国家的兴亡、天下的治乱，关键在于人才，而人才的培养、造就，又得靠振兴文化教育，“不务耕而求获”是万万不行的。教育是立国之本的思想深深根植于范仲淹的心中，他的大声疾呼、身体力行是针对晚唐五代以来文教衰落的现状而发的。在范仲淹之前，推行“右文政策”的太祖、太宗、真宗，已十分重视选拔人才了。扩大科举的取士名额，刺激了中央和地方的办学积极性，范仲淹不愧为具有战略眼光的政治家和教育家。范仲淹“求变通”的改革事业虽因被以“朋党”之名诬陷而失败，但范仲淹光明磊落、以天下为己任的人格精神长留人间。范仲淹患病辞世，皇帝亲书“褒贤之碑”，谥文正，后从祀孔子庙，称“先儒范子”。

“发微春秋”的孙复

孙复（992—1057），字明复，号富春，晋州平阳（今山西临汾）人。举进士不第，退居泰山，学《春秋》，聚徒著书，以所治经术为教，石介亦躬执弟子礼，史称“宋初三先生”。庆历二年（1042）范仲淹荐孙复为国子监直讲。

孙复为宋初大儒，治《春秋》，实开宋人重《春秋》之先声，其治经着重本义之发挥。欧阳修在《孙明复墓志铭》一文中这样评价他：“先生治《春秋》，不惑传注，不为曲说以乱经。其言简易，明于诸侯大夫功罪，以考时之盛衰而推见王道之治乱，得于经之本义为多。”当时，因侍讲杨安国言孙复的“讲说多异于先儒”于前，又因孔直温案件的株连而受到迫害，后朝廷复为国子监直讲，迁殿中臣。

孙复作为宋代新儒学的开拓者，经学方面研究的主要贡献是对《春秋》有创造性的发展。孙复反汉唐经学训诂章句的传统，舍传求经，务大体，发新义，紧扣唐宋之际的政治现实，重新阐发蕴含于《春秋》中“大统”的理念，寻求政治秩序合法化的基础，恢复先秦儒家元气磅礴的魄力。孔子生活于周朝疲敝、王纲失坠、礼崩乐坏、政治失序的动乱年代，为人类确立了天下大同的“应然”理想，激励生活于乱世中的人们去追求理想社会。孙复有强烈的经世致用精神，尤为关注制度性的焦点、热点问题。唐宋之际的礼崩乐坏、政治失序、篡弑争战层出不穷，人们遭受战乱之苦，对孙复的刺激特别强烈。孙复的智慧来自《春秋》，他直接继承《春秋》的政治与历史的批判精神，推动范仲淹、富弼等“庆历新政”的改革思潮；孙复在太学中讲《春秋尊王发微》，强调重建文化秩序、社会秩序和政治秩序的重要性，刺激了当时人们心中最关注的政治神经。程颐曾这样描述：“孙殿丞复说《春秋》，初讲旬日间，来者莫知其数，堂上不容，然后谢之，立听户外者甚众。当时《春秋》之学，为之一盛，至今数十年，传为美事。”孙复讲“尊王攘夷”“大一统”的《春秋》精神能有如此轰动效应，盖出于人们渴望重建文化秩序、社会秩序和政治秩序的强烈愿望。朱熹曾有总结：“本朝孙明复之徒，虽未能深于圣经，然观其推言治道，凛凛然可畏，终得圣人意思。”

孙复密切结合现实生活阐述经义，架构儒家伦理之道。孙复说：“吾之所谓道，尧、舜、禹、汤、文、武、周公、孔子之道也，孟轲、荀卿、扬雄、王通、韩愈之道也。”这个“道”，“基于伏羲，渐于神农，著于黄帝、尧、舜，彰于禹、汤、文、武、周公”，而被孔子所完善。他认为：“仁义礼乐，治世之本也，王道之所由兴，人伦之所由正，舍其本则何所以哉！”

显而易见，孙复的教育观与儒家伦理的“道”是紧密相关的，他把仁义礼乐之不作，视为儒者之耻辱。这一点，确实是他对宋代儒学的历史贡献。

“分斋教学”的胡瑗

胡瑗（993—1059），字翼之，江苏泰州海陵人。因祖先世居安定（今陕西安定），学者称他安定先生。曾与孙复、石介在泰山“困穷苦学，相磨相砺，以道自期”，十年苦读，饱览经史，磨炼意志。学成后胡瑗在苏州一带聚徒讲学。他学识渊博、道德高尚、教学有方。庆历二年（1042），湖州知事滕宗谅建州学，延聘胡瑗以保宁节度推官身份任教。胡瑗深刻认识到学校教育对于培养人才、治理国家的重要作用。他在《松滋儒学记》一文中说：“致天下之治者在人才，成天下之材者在教化，职教化者在师儒；弘教化而致之民者在郡邑之任；而教化之所本者在学校。”他精辟地阐明了实现“天下之治”的关键在于人才，人才培养的根本在于学校的思想。他深感从唐汉至宋初学校教育之弊病，认为已违背“先王教化之意”，他主张改革教育，革除空疏的“俗学”，讲授穷经治事的实学，培养通经致用的人才。

胡瑗在培养人才的过程中，对那些显露才华的学生往往给予特别的爱护和扶植。《宋史·道学列传》记载，程颐在18岁时游太学，胡瑗刚到太学任教，他以“颜子所好何学”为题问诸生，程颐写了一篇《颜子所好何学论》作答，“瑗得其文，大惊异之，即延见，处以学职”。这充分反映了胡瑗识才育才之心和他“分斋教学”的思想。

分斋教学是胡瑗在主持湖州州学时创立的崭新的教学制度。其主要内容是在学校内分设经义斋和治事斋两部分：经义斋选择“心性疏通，有器局，可任大事者”，学习儒家经义，旨在“明体达用”；治事斋又称治道斋，分设治兵、治民、治水、算数等学科，学生可选择其中一科为主修，另选一科为副修。两斋的培养目标不同：经义斋以培养比较高级的统治人才为目标，即所谓“任大事者”；治事斋是为了造就在某一方面有专长的技术、管理人才，“始治民以安其生，讲武以御其寇，堰水以利田，算历以明数是也”。在中国教育史上，孔子以德行、言语、政事、文学四科教人；宋朝有设立儒学、玄学、史学、文学四个学馆的记载，但就分科的具体内容来说，均囿于文科；隋唐时期，设立了算学、律学等专科学校，这是一大进步。但是这些学校的地位比儒学低得多，规模也小得多。直至胡瑗创立分斋教学制度，才在中国教学制度发展史上第一次按照实际需要，在同一所学校中分科教学，将治民、治兵、治水、算数等实用学科正式纳入官学体系之中，取得了与儒家经学同校的地位；并且，治事斋学生治一事又兼摄一事，开了主修与选修制度的先河。

分斋教学制度产生之后，“四方之士，云集受业”，纷纷到胡瑗主持的湖州州学来求学，京师太学也“取胡瑗法为法”。皇祐四年（1052），胡瑗授光禄寺丞，国子监直讲；嘉祐初年（1056）又擢为太子中允，天章阁侍讲，仍治太学。他在太学前后执教七年，慕名而来求学的人多得太学校舍容纳不下，朝廷不得不将太学旁边的官署改为校舍。程颐提起盛况时说：“往年胡博士讲《易》，常有外来请听者，多或至千数人”，所以后世有“自秦汉以来，师道之未有过瑗者”的评论。

出身清贫的胡瑗，与范仲淹、孙复等人一样力求凸显先秦儒家之“成德之教”，启发学生磨砺德性，铸造人格，强化自己的道德人格以感化学生。“古之取人以德，不取其有言，言与德两得之。今之人两失之。”作为学生的程颐深有感触：“凡从安定先生学者，其醇厚和易之气，一望可知。”胡瑗在太学任教时，“视诸生如其子弟，诸生亦亲爱如其父兄。”他非常细致地了解学生的个性和特长：或“好尚节义”，或“好尚经术”，或“好兵战”，或“好文艺”，于是他便“使之类群居讲习”，“使论其所学，为定其理；或自出一义，使人人以对，为可否之”，使“人皆乐从”。据历史记载，如朱临、翁促通精于《春秋》，杜如霖精于《易》，顾临精于训诂，欧阳发精于胡乐钟律，范纯仁、钱公辅、江致一长于政事，苗授、卢秉长于军事，滕元发、林晟长于文学，徐积、周颐长于节义，刘彝长于水利等。这确实是因材施教、各展其长。再如程颐以《颜子所好何学论》得到胡瑗的赏识与启迪，成为"修己治人"体"道"最深的门人，后来与其兄程颢创建洛学，为宋代理学大师。《宋史》本传云："礼部岁所得士，翼之（胡瑗）弟子常居四五，自河汾（王通）以后能立师道成就人才者，必以翼之为首称焉。"王安石也有"文章事业望孔孟"之誉称颂胡瑗，绝非虚言。

胡瑗的"分斋教学"，是以"明体达用"的理念进行改革，不仅要复兴先秦儒家内圣外王之学的精神，更重要的是紧紧扣住晚唐和五代以来教育、学术的弊端而做创造性发挥。北宋时重文轻武风气盛行，武将地位远不及文官。算术、水利等科目被人轻视，从事科艺的身份低下。针对"进士场屋之业"和"释老山林之趣"而造成的不良风气，胡瑗大力倡导"讲实学、求实功"，贬斥时弊颇有建树。蔡襄说，胡瑗"解经至有要义，恳恳为诸生言其所以治己而后治乎人者"。胡瑗批评汉唐学风："汉之上则党同妒道，唐之文天宝之风尚党，贞元之风尚荡，元和之风尚怪，其于教化可知矣。"在胡瑗看来，只有提倡实学力行的精神，才能纠正不正学风。"极天地之渊蕴，尽人事之终始"（《周易口义》），胡瑗用他的"易学观"扫除汉代灾异谶纬之说的阴霾，一归于性命道德和治乱兴亡的探究，充满着生命的智慧。更可贵的是，胡瑗认为要成为"学究天人"的儒者，眼光不应只盯在书本上，而应该迈开脚步览山川奇雄之势，可以涵养豪杰精神，不能仅仅增长知识而已。据丁宝书辑《安定言行录》载，胡先生翼之尝谓滕公曰："学者只守一乡，则滞于一曲，隘各卑陋。必游四方，尽见人情物态，南北风俗，山川气象，以广其闻见，则为有益于学者矣。"

胡瑗的分斋教学制度以"苏湖教法"颁行于太学而流行于世，他对教育的积极肯定和个性教育的学术追求，闪耀着孔子教育思想的光辉，也深深地烙上了胡瑗道德人格的色彩。嘉祐四年（1059）胡瑗以太常博士退休东归，门人弟子送行，"百里不绝，时以为荣"，足见他在人们心目中的崇高地位。

师友解惑的曾巩

曾巩（1019—1083），字子固，建昌军南丰（今江西南丰）人，世称南丰先生。曾巩“家世为儒”，祖父曾致尧为宋太平兴国八年进士，官秘书丞，两浙转运使，著述甚丰；父亲曾易占虽只做过几任知县，但在任上能惩恶扬善，颇有政绩。由于家庭环境的耳濡目染，青少年时期曾巩就刻苦勤奋地自学，聪颖出众，曾求学于李觏。16 岁认真钻研“六经”，对古文名篇细心揣摩，吸取营养。宝元元年（1038）曾巩讲学于抚州香峰兴鲁书院，20 岁后便“名闻四方”。嘉祐二年（1057）曾巩登进士第，历任太平州司法参军、馆阁校勘、集贤校理、英宗实录检讨官，历知齐、襄、洪、福、明诸州，卓有政绩。他入仕后每到一地做官，都十分重视教育，推行自己的教育主张与文学主张，注意培养人才、奖掖后进。

曾巩重视教育。他说“自家至于天子之国，皆有学”，教育事业是使“风俗成”“人才出”“教化之行、道德之归”的最好途径。曾巩的人才思想很丰富。他指出人才是关系“国家天下治乱安危存亡”的大事：“人才之盛如此，而国其有不兴者乎？”他在《哭尹师鲁》中写道：“众人生死如尘泥，一贤废死千载悲！”凡有才者，曾巩皆爱之、赞之。他对欧阳修推崇备至，对王安石很赞赏。他不仅爱才、赞才，而且求贤若渴，乐于荐才，毫无文人相轻之习。陈师道、秦观等人在北宋文坛很著名，他们也都是在曾巩的教育下成才的。曾巩从自己对人才的培养实践出发，主张选拔人才采取推举、择优的办法，先由民众推举，再由上级全面衡量考察，才能委以重任。“屡考而又黜陟”，切实做到赏罚分明，充分调动人才的积极性。对人才的使用“各用其材”，使之“各尽其能”，还要

“致于久也”。曾巩的重才、爱才、选才、用才的思想是我国“尚贤”思想的发展，是与选人唯贵、用人唯亲原则相对立的人才观。

曾巩认定人的才能来自学而非“天生”：“士有聪明朴茂之质，而无教养之渐，则其材之不成。”曾巩不否认先天的条件优势，但更注重后天的努力。他的《墨池记》就是借“羲之尝慕张芝临池学书，池水尽黑”之传说，指出王羲之书法学有所成并非天成，而是长期坚持不懈学习的结果。“羲之之书晚乃善，则其所能，盖亦以精力自致者，非天成也。”这就大胆地否定了“生而知之”的传统观点。曾巩还以他历任馆阁校勘、集贤校理等工作养成的严谨治学态度影响后世学者，所以宋史本传中称赞他“为文章，上下驰骋，愈出而愈工”。曾巩主张读书学习务必专心致志，循序渐进，融会贯通，博览群书。在曾巩看来，读书治学如果想要有成就，那就必须持之以恒，日积月累。

曾巩强调靠后天的读书学习成才，十分强调教育在培养人才过程中的巨大作用：“师友以解其惑，劝惩以勉其进，戒其不率。”他进一步指出：“至于学官，其能明于教率，而详于考察，有得人之称，则待以信赏。若训授无方，而取舍失实，亦将论其罚焉。”曾巩一方面重视师道，一方面对教师提出了严格要求。曾巩竭力主张感化教育：“盖乐者，所以感人之心，而使之化，故曰成于乐。”他推崇古时教法重在感化，今世教法重在强制。因此，用“礼”去要求，用“乐”去感化，确实非常重要。

“择其善恶得失”的司马光

司马光（1019—1086），字君实，号迂叟，陕州夏县（今山西夏县）涑水乡人。司马光为晋皇族司马孚的后裔，父池于真宗、仁宗时历知六州，“以清直仁厚闻于天下，号称一时名臣”。司马光自幼聪明过人，“砸缸救人”的故事流传至今。他是在父亲做光由县官时出生的，所以取名“光”，随父兄读书，博览经史，尤通《左氏春秋》，仁宗宝元年初（1038）司马光中进士甲科，以奉礼郎任华州判官。不久，父母去世，丁忧在家，潜心学术，写《贾生论》《才德论》《十哲论》《四豪论》《机权论》《廉颇论》等文章，文史才华初显于世。

庆历五年（1045）司马光任武成军判官，入为大理评事，迁殿中丞相、史馆检讨、编修日历，曾出任郓州学官、并州通判；再入为太常博士，直秘阁。嘉祐六年（1061）任起居舍人，同知谏院。司马光任天章阁待制兼侍讲，英宗即位后升龙图阁直学士。英宗对司马光的道德、学问十分赏识，司马光为了报效君王的知遇之恩，决心编撰一部编年体通史，“叙国家之盛衰，著生民之休戚”。他先编了《历年图》五卷，上起战国，下迄五代，述治乱兴亡之史迹，于治平元年（1064）呈送英宗。在《历年图》基础上，司马光又写《通志》八卷，英宗又命他再编《历史君臣事迹》。治平二年（1065）设局于崇文院，允许司马光自选编修助手，借阅龙阁、天章三馆秘阁书籍。神宗即位后，司马光擢翰林学士兼侍读学士、御史中丞。司马光进读，神宗以其“鉴于往事，有资于治道”，赐名《资治通鉴》，亲写序文，待全书成后编入。

熙宁四年（1071）后司马光在洛阳长住，自称“迂叟”，筑独乐园，将书局迁入洛阳，读书著史，常与邵雍、程颢、程颐交往。元丰七年（1084）《资治通鉴》终于完稿，凡十九年。宋神宗在《资治通鉴》成书后，特迁司马光为资政殿学士。司马光的学术成就集中体现在《资治通鉴》上，史学经世精神十分突出。他曾说："叙国家之兴衰，著生民之休戚，使观者择其善恶得失，以为劝诫。"

司马光主编《资治通鉴》的十九年间正值风起云涌的政治变革运动时期，其中闲居洛阳十五年，过着"淡泊以明志，宁静以致远"的生活，实际上怀忧患之心，关注"国家之兴亡""生民之休戚"，集全部心血于此书的编撰之中，自觉地使儒家史学经世精神得以弘扬，犹如孔子之编《春秋》、司马迁之著《史记》，乃是整个生命的寄托，不仅记述"实然"的历史，而且寓有"应然"的理想。《资治通鉴》不是一大堆史料的堆积，而是经作者详尽考订和严格选择，以"资治"为目的而做出精心编排的活的历史。它体现了作者的哲学智慧和政治智慧，是儒家经世道德理性烛照千年历史的体现。因此可以说，《资治通鉴》是凝聚司马光道德人格和学术理想的皇皇巨著。

“为天地立心”的张载

张载（1020—1077），字子厚，祖籍为大梁（今河南开封）人，客居凤翔眉县横渠镇，因在关中讲学，影响全国，所创学派称为“关学”，世称横渠先生。

张载青少年时代喜谈兵事，有豪杰之气，怀有“结客取洮西之地”的壮志。宋仁宗康定元年（1040）上书谒见范仲淹言边事，范仲淹“一见知其远器，欲成就之，乃责之曰‘儒者自有名教，何事于兵！’因劝读《中庸》”。张载受范氏影响，转而学习儒经，曾在京师设坛讲《易》，听者甚众，他在关中的学术声望日高。时文彦博以使相判长安，闻张载“名行之美”，聘张载为长安学宫教授。嘉祐二年（1057）张载登进士第，授祁州司法参军，迁丹州云岩县令。他施政以敦本善俗为要务，重视“养老事长之义”，注重青少年的道德教育。熙宁新政，张载与王安石不合，托疾辞官屏居横渠镇，聚徒讲学，研讨经典，发愤著书，其代表作《正蒙》一书即成于此时。吕大临曾对张载讲学评述，曰“答问学者，虽多不倦。有不能者，未尝不开其端。其所至必访人才，有可语者，必叮咛以诲之，唯恐其成就之晚”，奖掖后辈之心跃然纸上。张载也善学于时贤，《宋史·张载传》称张载“尝坐虎皮讲《易》，京师听从者甚众。一夕，二程至，与论《易》。次日语人曰：‘比见二程深明《易》道，吾所弗及，汝辈可师之。’撤坐辍讲”。程颢、程颐与张载为亲戚，其间相互影响是很大的，张载虚怀若谷的精神可见一斑。

张载的“关学”提出“太虚即气”的学说，肯定“气”是充塞宇宙的实体，由于“气”的聚散变化，形成各种事物现象，“大地变化，二端而已”，探究事物对立统一的原理，“人谓已有知，人耳目有受也；人之有受，人内外之合也”。

在人性问题上，他提出“天地之性”和“气质之性”的命题。认为前者是本然之性，是善的；后者是人形成后才有的性，有善与不善、刚与柔、才与不才的区别。因此，“气质恶者，学即能移”，教育的作用就在于“学以变化气质”。教育之于人，就在于它可以改变人的气质而使其完善自己的道德品格和知识结构。变化气质的主要手段是“知礼”“守礼”，所谓“知礼成性”。教育的终极目标是学为圣人，“圣人尽性，不以见闻梏其心”，只有“大其心”，才能体验“德性所知”或“诚明所知”，超越闻见之狭而体验“天人合德”的精神境界。因此，“大其心”是“合内外，一天人”“智周天下，仁被万物”的智慧，是对生命存在、价值源泉的终极的洞见慧识。

张载还倡导教育者应“两知”，“知至学之难易，知人之美恶”，只有这样，教学上才能做到“尽人之材”：“不尽才，不顾安，不由诚，皆是施之妄也。教人至难，必尽人之材乃不误人，观其可及处然后告之。”张载在学习上强调志趣、博学、善疑、札记、成诵、力行矫恶为善，其教育思想极为宝贵。张载曾说过，他的一生“为天地立心，为生民立命，为往圣继绝学，为万世开太平”。这是他追随孔孟生命智慧的座右铭。

从总体上看，张载的教育思想已开始触及“理学”，对二程及以后的理学家产生了巨大影响。他探讨了行为的道德价值评判准则问题，深化了周敦颐对“诚”的论述，从单一的个人道德品格上升为道德人格的内在和本体，这为“二程”及以后的理学家对人的内心形态之于人的外部行为道德价值探讨开了先河。张载还提出了“见闻之知”与“德性之知”，并探讨了它们之间的关系，这也为“二程”等所吸收并发扬光大。

张载的教育思想有着深远的现实意义，为天地立心，就是要把自己的智慧贡献给人类，把整个世界变成一个和谐的世界。

“以斯道觉斯民”的程颢

程颢（1032—1085），字伯淳，洛阳人。程颢青少年时代深受儒家经典熏陶，“数岁，诵诗书，强记过人，十岁能为诗赋”，十二三岁“群居庠序中，见者无不爱重”。父亲程珦知虔州兴国县时认识周敦颐，“与语果为知道者，因与之为友”，又令二子“师事之”。程颢受教于周敦颐后，对儒家之“道”尚体悟不深，“未知其要，泛滥于诸家”。程颢经过一番探索，他又返回儒家经典，对《中庸》《易经》《论语》《孟子》有新的领悟，他说：“吾学虽有所受，天理两字却自家体贴出来。”嘉祐二年（1057），本来“厌科举之业”的程颢，又通过科举考取进士。

从嘉祐三年（1058）到元丰八年（1085），不论在地方任官还是在朝参政，程颢一直恪守孔子“先富后教”的精神，兴设学校，程颢任晋城县令时，“诸乡皆有校，暇时亲至，召父老而与之语。儿童所读书，亲为正句读。教者不善，则为易置。俗如甚野，不知为学，先生择子弟之秀者，聚而教之”。程颢深深懂得教育民众、启发民众、爱民保民的重要性，他在给宋仁宗《论王霸札子》中说“苟以霸者之心而求王道以成，是衔石以为玉也”。他与王安石一样，对弊政陋法不满，但具体目标不同，所以意见不合。程颢认为，王安石新学必称“道”，但变法的“富国强兵”的观念又违背了仁政、王道，所以程颢退居洛阳专事讲学，学宗濂学，创建洛学，以“斯道觉斯民”。他在“荆公新学”成为官方经学之时在朝廷之外树立了一种新的人格风范、新的学术风气。程颢自受周敦颐启迪“寻孔颜乐处”到《识仁篇》阐明此精神自由境界，在人格上、学术上都有一个质的飞跃。

程颢认为，通过学习要成为圣人，圣人具有完美的人格，具有博大的胸怀，如天地一般包容一切，善者亲之；不善者亦不拒之，只不过处之有道耳，并且使他们各得其所。“学者不学圣人则已；欲学之，须熟玩圣人之象，不可只于名上理会”，“孔子与点，盖与圣人之志同，便是尧舜气象也”。曾点表示愿意回到大自然怀抱中，尽情地在沂水中游泳，迎着大风舞蹈，一边唱歌一边回家，这为孔子所赞同。程颢在读书时，周敦颐令他寻仲尼、颜子乐处，引导他寻找超越世俗名利的得失，获得由求道而得的高级精神享受和在天地间自由自在依本性生活的自然乐趣。

程颢注重内在涵养，“以诚敬存之而已”，久而久之自然能体悟到天理良知，达到万物皆备于我的仁者境界，也就是周敦颐所说的“孔颜之乐”。那么，完成道德修养的目标，就成为圣人了。“君子之学，莫若廓然而大公，物来而顺立。”这就是说，有了大公之心，就能以本心的明，觉察事物的本来面目，消除因个人利害而产生的失望、烦恼等心境，做到应物而不累于物，“浑然与物同体”。

由此可见，程颢的哲学是提高人的精神境界的生命哲学，是体验“孔颜乐处”或“圣贤气象”的学问，也是闪耀孔孟生命智慧的思想结晶。

尊师重道的程颐

程颐（1033—1107），字正叔，洛阳人，后人称之伊川先生。嘉祐元年（1056）随父程珦进京入国子监读书，宋初大儒胡瑗执教，以《颜子所好何学论》试诸生，读程颐答卷而“大惊异之”。程颐对颜渊超越有限之自我，以体现无限之精神境界有深切体会。他针对汉唐以来学者的“溺于文章”，提倡“颜子精神”。他对人生存在的价值、意义有深入的思考，引来拜师求学的人很多。当时的太尉文彦博为他在洛阳鸣皋镇上建了“伊皋学院”，程颐收徒讲学，前后达二十年之久，“当时门人弟子布在海内，炳如日星”，洛学盛极一时。

元丰八年（1085）其兄程颢病逝，发展洛学的重任落在程颐肩上。适逢推荐入京任命为崇政殿说书。程颐深知自己是“布衣”“处士”，而担当皇帝的老师，只有真正具备“尊师重道”的氛围才能完成辅养幼主的大任。他在幼主哲宗上殿，面对高太后恳求之后推辞不得，才始受西京国子监教授之任，承担“崇政殿说书”之职。当然，程颐也有施展自己政治抱负的喜悦，他在一篇文章中透露：“得以讲学侍人主，苟能致辞人主得尧、舜、禹、汤、文、武之道，则天下享唐、虞、夏、商、周之治，儒者逢时，孰过于此？”程颐以前也说过，“言学便以道为志，言人便以圣为志，自谓不能者，自贼者也，谓其君不能者，贼其君者也”。程颐抱着这种教育观承担帝师责任。他在《上太皇太后书》中说：“历考前史，帝王才质，鲜不过人。然而完德有道之君至少，其何故哉？皆辅养不得其道，而位势之然也。”言下之意是幼主出身尊贵，又处于“万方奉承”的氛围之中，容易染上骄奢淫逸的恶习。

程颐要坚持儒家“从道不从君”“道尊于势”的精神，绝非易事，特别是要突破仁宗以来“讲官立侍”的成规，而变为“讲官坐讲”，已涉及“尊师”与“尊君”的问题。程颐教学以端肃严毅出名，哲宗年幼，童心未泯，与哲宗折柳条、酷暑罢读等事已有冲突，加之程颐在朝廷“议论褒贬，无所顾忌”，已得罪了皇太后和权臣，终被弹劾出京。即使后来哲宗亲政重申秘阁西监之命，程颐再辞不就，居洛阳聚徒讲学。绍圣四年（1097）程颐被贬“漳州编管”，身处逆境，不存芥蒂，潜心研《易》经，成《伊川易传》，为新儒学奠定坚实的哲学基础。他谨守自己的道德节操与文化责任，于忧患中发愤著书，以寄托他对生命价值的追求。

程颐在《颜子所好何学论》中曾指出：“不求诸己而求诸外，以博闻强识，巧文丽辞为工，荣华其言，鲜有至于道者，则今之学者与颜子所好异也。”他所昭示的精神方向是直承孔孟生命智慧，从体验“孔颜乐处”的圣贤气象里挺立自己的道德人格，承担破暗启明的文化使命。

“程门立雪”的杨时

杨时（1053—1135），字中立，因居龟山下，学界称其龟山先生。祖籍河南，入闽始祖杨荣，定居南剑将乐县（今属福建）。杨时自幼聪颖好学，长辈称他是神童。熙宁五年（1072）杨时赴京参加礼部考试，落第，补为太学生，研论《春秋》。回将乐后寓居含云寺自学，并开馆讲学，撰写《礼记解义》。熙宁九年（1076）中进士，授汀州司户参军，调官不任，与游酢赴颍昌拜程颢为师，杨时南归时，程颢送别之际慨然叹曰：“吾道南矣。”元丰八年（1085）程颢病逝，杨时任徐州司法，设灵堂奠祭，尊师重道之心感化一方。元祐八年（1093）知潭州浏阳，赴任途中绕道洛阳，与游酢拜见程颐，恰遇程颐瞑坐。两人侍立门外，不觉积雪已有一尺。尊师之诚，感召后人。据《宋史》本传记载：“关西张载尝著《西铭》，二程深推服之，时疑其近于兼爱，与其师颐论往复，闻‘理一分殊’之说，始豁然无疑。”自此，“浸淫经书，推广师说”。

建炎元年（1127）北宋灭亡，南宋建立，高宗即位，杨时任工部侍郎兼侍读。晚年专心致志于学术。自二程去世后，洛学“为世大禁，学者胶口无敢复道”。杨时南归后自觉地传播洛学，着重对二程的《易》《中庸》《论语》《孟子》以及《大学》通百为一的精神做了新的发挥，对程颐启导的“理一分殊”论深有体验。以“四书”为中心替代以“五经”为中心，是两宋儒学新变的主导倾向，杨时全力宣扬《中庸》《大学》《论语》《孟子》的真精神、真价值。杨时认为：“《中庸》之书，盖圣学之渊源，入德之大方也。”他在《中庸解义》序言中说：“追述先生之遗训，著为此书。以其所闻，推其所未闻者。虽未是尽传先生之奥，亦妄意其庶几焉。学者因吾而求之圣学之门墙，庶几可窥而入也。”杨时还将“正心诚意”与“合内外之道”作为汇通为一的核心观念。他说：“《论语》之教人凡言恭敬忠信，所以求仁进德之事，莫非诚也。”他又指出：“盖《大学》自正心诚意至治国平天下只一理，此《中庸》合内外之道也。”“盖自诚意正心推之，至于可以平天下，此内外之道所以合也。故观其诚正心，则知天下由是而平；观其天下平，则知非意诚心正不能也。兹乃禹、稷、颜回之所以同也。”杨时的尊师之“诚”不仅表现在礼节上，更主要的是向后学者“传道、授业、解惑”，体现杨时传道之“诚”、授业之“诚”。

杨时的为人之“诚”也是可圈可点。元祐党案的种种迫害，使开封、洛阳一带的洛学传人难以展开正常学术活动；蔡京、童贯的专政，流徙冒犯者，以钳天下之口。靖康元年（1126）钦宗即位，杨时任著作郎兼经筵，金兵围汴京，群情激愤。杨时上疏，抨击“童贯握兵二十余年，覆军杀将，驯至今日，比闻防城仍用阉人，覆车之辙，不可复蹈”。钦宗下诏处死童贯。敌兵初退，议者欲割三镇讲和，主战派李纲被罢，以陈东为首的数千名太学生伏阙上书乞留李纲，杨时上书伸张正义：“诸生伏阙纷纷，忠于朝廷，非有他意，”“蔡京用事二十余年，蠹国害民，几危宗社，人所切齿！”杨时在国难之际，不畏权势，激励士人气节，卓然独立，成为儒家“为己之学”的典范。

深究教之道的王安石

王安石（1021—1086），字介甫，号半山，抚州临川（今江西抚州）人。父王益为祥符八年进士，仕途艰难。王安石自幼随父流转于任所，聪明好学，涉猎极广，在父亲激励下，王安石励志自强，专攻儒家经典，以后稷为楷模，“慨然有矫世变俗之志”。庆历二年（1042）中进士，后知鄞县，注重兴利除弊，一年后兴县学，并延请学行称于乡里的杜醇为学师。邻县慈溪集资修孔庙办县学，王安石满腔热情写了《慈溪县学记》，记述北宋前期学校衰废的情况，各地虽立孔庙，但不见教学活动。庆历时有改革，但限定生员满二百始可设学。像慈溪这个小邑能兴建学校，实属不易，“吾虽且幸其将行，而又忧夫来者之不吾继也，于是本其意以备来者”。王安石在知鄞县后又往舒州、常州、饶州等地任地方官，本着儒家民本精神，为当地百姓办实事，兴实利。治平三年（1066），王安石在江宁致力于学术研究并聚徒讲学，从者甚众，荆公新学初步形成。

荆公新学是后来“熙宁变法”的指导思想，随着变法的不断深入，“荆公新学”逐渐因改革科举和学校制度而成为官方哲学。王安石的《三经新义》颁于学校，成为科举考试的依据，“使学者归一”。对学校教育制度的改革，主要体现在改革太学、整顿地方学校和建立专科学校上。熙宁四年（1071）十月，王安石议订太学新制，增加教师和学员数额，并于太学立“三舍法”。与此同时，下令京东、京西、河东、河北、陕西五路置学，选置教官，并在各路州设置学官专司其事。专科学校分别有武学、律学和医学。

王安石对科举考试制度的改革主要体现于对科举考试科目、内容、考试方法等方面的变革，其中废明经诸科、增进士名额、罢诗赋而试经义、设新科明法，皆是王安石的革新亮点，以天下正理、追求实用为指导思想，以培养数以万计的治世人才和良吏。王安石的“熙宁兴学”变革，在中国教育史上第一次从四个方面——“教之之道”（教育）、“取之之道”（选拔）、“任之之道”（任用）、“养之之道”（管理），全面探索人才成长规律。当然，这一思想在他知鄞县期间就已露端倪，后在仁宗嘉祐四年（1059）的《上仁宗皇帝言事书》陈述变法主张时就认为变法的关键在于人才，欲人才足用，必须教之、养之、取之、任之有其道而已，认为只要“有一非其道，则足以败天下之才”。宋仁宗读完后束之高阁，只有在宋神宗锐意改革，王安石任参知政事（副宰相）时他的改革理念才得以付诸实施。首先是办好学校，王安石说：“古者天子诸侯，自国至乡党皆有学，博置教导之官而严其选”，他批评当时学校所教东西，亦不过“讲说章句而已”或者“课试之文章”，“从而困苦毁坏之，使不得成才”。

王安石充分肯定教育在人才成长中的作用，即使“神童”，如缺乏合理教育，最终也会沦为庸人。他提出自京师至州郡都设立学校。严选“教导之官”，改变“教者非其人”的状况。还要改革教育内容，摆脱只学文章、诗赋的传统，学子要学习从政的实际知识，凡“可以为天下国家之用者，无不在于学”，抨击帖经、墨义为“无补之学”。其次，强调国家录用人才要经过慎重的选拔，要改革“取之之道”，反对“官人以世”。他说：“官司不考问其才能，父兄不保任其行义，而朝廷辄以官予之”，乃是“亡国之道”。

王安石认为选拔人才的最佳途径，是由下而上的推举与由上而下的考察相结合。既要考察其德才，又要考察其实际办事能力。对人才必须使用得当，要破除以“资序”授职的观念，应“随其德之大小、才之高下而官使之”，应用其所长，不求全责备，更不可“责人以细过”。他还提出“饶之以财”“约之以礼”和“裁之以法”的管理原则。王安石的教育思想在其为相时逐步实施，对以后各代学校产生了重要影响，至今仍有现实意义。

纵横超旷的苏轼

苏轼（1037—1101），字子瞻，号东坡居士，卒后追谥文忠，眉州眉山人。10岁时，父洵游学四方，母程氏亲授以书，闻古今成败，每能语其要。父母的精心教育、蜀中山水奇气的感染，使他养成“澄清天下之志”与“不为外物得失荣辱所累”圆融于一的人格。嘉祐四年（1059）苏轼同父苏洵、弟苏辙一起赴京参加科举考试。《宋史》本传云，仁宗初读轼、辙制策，退而喜曰：“朕今日为子孙得两宰相矣。”此时，苏氏父子文章“名动京师”。熙宁时王安石行新政，苏轼上《议学校贡举状》等奏章，批评新政，指斥新法夺民以富国或与民争利，不符合儒家治国原则。变法派诬苏轼以诗文讽刺新法，还将苏轼诗句与新法机械比照，“怀怨天之心，造讪上之言”，史称“乌台诗案”。苏轼下狱，自度必死，曾写《狱中寄子由》，“百岁神游定何处，桐乡知葬浙江西”。幸遇元老重臣上书营救，特别是政敌王安石也上书称“岂有盛世杀才者乎”！苏轼坐了四个月的牢后从轻发落，贬黄州团练副使，筑室于东坡，自号“东坡居士”。

“乌台诗案”使他感到政治挫折的痛苦与世态炎凉，但他并没有忘记“志于道”的责任。他发愤创作，写出了传诵千古的赤壁怀古词、前后赤壁赋等，融易、庄、禅精神于一体，对人生、宇宙、社会有更深层的反思。元丰七年（1084）四月，苏轼调任汝州，他先去筠州探望苏辙，又去建康（今江苏南京）拜访退居的王安石，与先前的政敌相见，原先的隔阂烟消云散，文人的相知之情温暖人心。王安石慨叹说：“不知更几百年，方有如此人物。”苏轼也有“从公已觉十年迟”之叹。恰逢朝廷政局大变，神宗去世，哲宗即位，太后高氏临朝，重新启用司马光，废除新法。御廷召回苏轼，“曾未周岁，而阅三官”，由礼部郎中、起居舍人、迁中书舍人、翰林学士知制诰兼侍读。苏轼对司马光尽废新法表示质疑，“不复较量利害，参用所长”，这样，他又夹于新旧两党之中，深感在朝廷难以安心。

不过，苏轼在朝翰林学士知制诰期间，新古文运动又被推向新的境界。苏轼在欧阳修之后主持文坛，拔擢毕仲游、黄庭坚、张耒、晁补之任馆职，又举荐秦观、陈师道入京，一时文学人才荟萃京城，形成以苏轼为首的“苏门六君子”的文学群体。他们吸取唐代古文运动后期缺乏创新精神而衰落的教训，探求文艺的独创性的新方向。苏轼在《祭欧阳文忠公文》中以“斯文有传，学者有师”称许欧阳修。“斯文有传”典出《论语·子罕》，言孔子以传承文王“斯文”自励自誓，因此，“斯文”是礼乐文化大传统之谓也。苏轼记住欧阳修“常以是任付与某（苏轼自称），故不敢不勉；异时文章盟主，亦自文忠之付授也”。可见，苏轼及苏门学士是自觉地传承礼乐文化大传统的，他们以强烈的忧患意识与批判精神贯注于他们的诗文内蕴之中。苏轼在奏议中说：“窃怀忧国爱民之意，自为小官即好僭议朝政，屡以此获罪，然受命于天，不能尽改。”主张议论自由、学术自由和思想自由的苏轼，其独立人格挺立在世人面前。

苏轼才气横溢，诗文俱绝，书画并称，史称“宋四家”之一，影响深远。他强调，文学作品对社会积弊的药石疗救，作者首先要充实主观修养，“充满郁勃而见于外”。他提倡绘画重于神似、反对形似。提倡“诗中有画，画中有诗”。他认为“立意”是关键，创作前须“胸中有竹”，又主张“游物之外”的超然审美态度。苏轼又工词，创立与传统婉约词派相对的豪放派，南宋辛弃疾受苏轼风格影响并加以发展，形成苏辛词派。金代有“苏诗运动”，明代公安派作家、清代宗宋派诗人都推崇学习苏轼诗词。元明和清中叶前，文风也受其影响很大。

“学贵力行”的尹焞

尹焞（1071—1142），字彦明，一字德充，世为洛阳人。叔父尹材是司马光、邵雍的门人。尹焞少年时代受家学熏陶，师事程颐。绍圣元年（1094）应举，见试题中有“元祐邪党”句，尹焞愤然而曰：“噫尚可以干禄乎哉！”归告程颐：“焞不复应进士举矣。”程颐回应：“子有母在。”尹焞回家如实告母亲。母亲回答掷地有声：“吾知汝以善为养，不知以禄为养。”

程颐知道后慨叹曰：“贤哉母也！”程颐理学的本质意义即在唤醒人的道德意识，做圣贤的本意实是树立自己的道德人格。尹焞的行动向世人昭示：科名之外另有人生，朝廷之外另有立脚处。程颐曾说：“我死而不失其正者，尹氏子也”“他时必有用于世”。

靖康元年（1126）师道举荐尹焞，称其德行学问可备讲说，朝廷召至京师，赐号和靖处士。不久，金兵攻陷洛阳，尹焞全家被抓，幸有门人救援，转徙长安山谷中。刘豫政权以礼聘召，尹焞连夜逃走，流离至蜀，于绍兴四年（1134），辟三畏斋以居。次年，侍讲范冲推荐尹焞，宋高宗同意依程颐自布衣列崇政殿说书之例，以左宣郎崇政殿书召尹焞。尹焞自涪陵启程时，曾赴伊川祠作文祭程颐，云：“焞甲寅孟秋，始居涪陵。乙卯孟冬，误辱召命，继下除书，实嗣讲事。人微望轻，敢绍前躅，辞不获命，勉赴行朝。有补于世则未也，不辱师门则有之。今兹后行，惟先生有以鉴之。”尹焞有志于弘扬洛学之心跃然纸上。谁知，尹焞行于途中就闻谏官陈公辅上奏诋毁洛学。随之就上书曰：“焞师程颐垂二十年，学之既专，自信甚笃。使焞滥列经筵，其所敷绎，不过闻于师者。舍其所学，是欺君父。”

尹焞光明磊落，不改变自己所信从的学说，枉道以从君，辞避不进。时张鼎入相，复荐尹焞秘书郎兼说书。高宗说：“知卿从学程颐，侍卿讲学，不敢有他也。”尹焞像程颐一样，非常严肃认真地做好“侍讲”。据《宋元学案》载：尹焞“每当赴讲前一日，必沐浴更衣，置所讲书于案上，朝服再拜，斋于燕室。学者问之，先生曰吾言得入，则天下蒙其利；不能，则反之。欲以所言感悟人主，安得不敬！”尹焞与高宗对话中有古代中国政治领域内最敏感的话题——纣亦是君，孟子何故谓之一夫？尹焞能引经据典，巧妙地表述了孟子的“道尊于势”的信念。后来，秦桧独相，力主和议，尹焞上书反对，惹怒秦桧，尹焞上书辞职，态度坚决，正气凛然不可犯。他抱着任帝王师可使“天下蒙其利”的愿望进京，又因反对和议而毅然辞职，身体力行“从道不从君”的独立人格。尹焞在程门坚守其师“敬以直内”之说：“涵养须用敬，进学则在致知。”尹焞手书圣贤所示治气养心之要，粘之屋壁，以自警戒。在他看来，没有身体力行的实践，一切道德理想都将落空，他告诫后学：“学贵力行，不贵空言。”

忧患“春秋”的胡安国

胡安国（1074—1138），字康侯，谥文定，建宁崇安（今福建武夷山）人。曾祖胡容、祖父胡罕都是平民，父胡渊师事吴仙洲，开始走上仕途，以宣义郎致仕，赠中大夫。归乡后聚徒讲学。胡安国青少年时代随父读书，颖慧好学，15岁入信州州学，学业优异，州学教授赠勉“当为大器”。元祐五年（1090）胡安国入太学，受朱长文的影响，接受《春秋》之学，又师事靳裁之。崇信二程洛学，从而奠定了一生的治学方向。绍圣四年（1097），胡安国参加进士考试。殿试考官定胡安国策问为第一。在唱名时，宰相以无诋元祐语，遂以何昌言为首，选方天若次之，又欲以宰相章惇子为第三。如果不是哲宗欣赏胡安国的才华，胡安国可能由殿试考官定的第一转为落第了。他策问“以渐复唐尧舜圣三代为对”，实含批评新法之意。

胡安国进士中举，除江陵府学教授，不久，入太学博士。崇宁四年（1105）除湖北路，他上书言办学校。他认为，朝廷法令已具，学校应当于规矩之外，以德行为先，行修己治人的实学。他在讲学之余，集中精力钻研《春秋》，凡三十年心血研究《春秋》，自然有其真实意图。一是在太学读书期间受老师朱长文、孙复《春秋》学的深旨，明“尊王攘夷”“华夷之辨”的大义。南宋偏安于江南，主战与议和之争与《春秋》的“华夷之辨”有着内在联系。老师的启发诱导激发他强烈的忧患意识，所著《春秋》寄寓着胡安国的忧患之情。二是对王安石变法废弃《春秋》而代之以《三经新义》为选士考试内容，腹诽颇多。他在《春秋传》序中明确指出：近世推王氏新说，且定为国是；而对《春秋》，则贡举不以进士，经筵不以进读，人欲日长，天理日消，其效使夷狄乱华，莫之遏也。主战的胡安国满怀忧患与焦急之心，他力图用潜心研究《春秋》的精辟感悟唤醒国人。因此，绍兴五年（1135）朝廷命他为徽猷阁侍制、知永州，他都辞谢。但是他对高宗让他纂修《春秋传》“候书成进入，以副高宗崇儒重道之意”感到欣慰。

宋高宗曾经请胡安国专讲《春秋》，胡安国的《春秋》“经世”之说是针对南宋政治现实而言的，他上承孟子、汉代公羊家，近师孙复、程颐、朱长文，而意在尊王攘夷、抗金救国，切中时弊，故受到高宗赞赏。但是，胡安国常秉理直谏，遍触权贵，在主和派占上风的朝廷中自然难以立足。建炎年间（1127—1130）胡安国率子胡宏、胡寅及族人离京渡江而西隐居湖南衡山之麓，聚徒讲学，潜心著述。他慕陶渊明，望云倚仗，临水观鱼。为人诵心远之章，超然物外，表现出一种力抗尘俗、卓尔不群的人格。这对胡宏、胡寅的性格形成是有影响的。据史载：钦宗曾问中丞许翰识胡安国否，许说：“自蔡京得政，士大夫无不受其笼络，超然远迹不为所污如实鲜。”可见，在章惇、蔡京专政期间，胡安国堪称是特立独行之士。

默坐澄心的李侗

李侗（1093—1163），字愿中，南剑川剑浦（今福建南平）人，时称延平先生。李侗青少年时受儒学熏陶，习举子业。政和六年（1116）李侗闻郡人罗从彦师事杨时，得二程洛学的真精神，便慕名前往求学。他写信给罗："身为男子，生在中华，又幸而得闻先生长者之风十年，于今二十又四岁矣，茫乎未有所止，烛理不明，而是非无以辨……不啻犹饥寒之切身者，求充饥御寒之具也。"罗从彦接纳李侗，"从之累年，受《春秋》《中庸》《论语》《孟子》之说"。罗师性格坚毅，生活淡泊超然，隐居山乡，以讲学著述为乐。

李侗受罗从彦影响，生活举止发生骤变，他原来好饮酒，一饮必数十杯，醉后则好驰马，一骤二三十里。后则努力涵养性情，切实做到"默坐澄心，体验未发气象"。李侗认为，"圣门之传《中庸》，其所以开悟后学，无余策矣"，以"喜怒哀乐未发之谓中"，常"默坐澄心，以验夫喜怒哀乐之前气象为何如"。称"理一分殊"乃儒佛之分水岭："吾儒之学，所以异于异端者，理一分殊也，此其要也。"强调涵养，认为教育初学者要常常存此心，勿为他事所胜。"凡遇一事，即当且就此事反复推寻，以究其理。待此一事融释脱落，然后循序少进，再别穷一事。如此既久，积累之多，胸中自存洒脱处，非言语之所及也。""大而天地之所以高厚，细而品汇之所以化育，以至经训之微言，日用之小物，玩之于此，无一不得其衷焉。"李侗屏居山田结茅水竹之间，箪瓢屡空，怡然自适，颓然若田夫野老。李侗一生以挺立自己的道德人格为主旨，静坐涵养是体认天理的功夫。

朱熹是李侗的高足，师生之间教学相长、和而不同。朱熹师事李侗十年，开始，朱熹对李侗的“天下之理一而已，心疑而不服”，后来反复思之，始知其不我欺矣。盖延之言曰：“吾儒之学所以异于异端者，理一分殊也。理不患其不一，所难者分殊耳。”现存《延平答问》收入李侗给朱熹的书信、语录共24篇、64条，又收录朱熹质疑问难的话100多条，答问的内容涉及《大学》《中庸》《论语》《孟子》《易经》《春秋》等经典，记载了师生之间讨论、质疑和辩论的经历，体现了孔子所说的“和而不同”的精神，实开南宋儒学内部学术自由争鸣的先河。后来的朱熹与张栻在岳麓书院会讲和“鹅湖之会”的经验与教训，皆由此可见其渊源。“吾爱吾师，吾尤爱真理”，人们经常津津乐道于西哲亚里士多德与柏拉图之间的交往，不过细细琢磨东方哲学家朱熹与李侗的学术交流对理学哲理的研磨，虽然内涵不尽相同，但精神是相通的。绍兴二十二年（1162）孝宗即位，下诏请朱熹陈述政见，朱熹以潭州南岳庙之职上《封事》，期望孝宗“正朝廷”“立纲纪”“厉风俗”，数说和议之害，力主抗金救国。朱熹草拟之后先寄李侗审阅，李侗立即熟读数遍后回答：“吾侪虽在山野，忧世之心但无所伸尔，亦可早发为佳。”次年，71岁的李侗跋山涉水赴崇安同朱熹会面，建议朱熹“首论《大学》之道；次言今日非战无以复仇，非守无以制胜；三论古圣王制敌之道”，师生深明大义的爱国热情力透纸背。

确然自守的胡宏

胡宏（1106—1162），字仁仲，长期寓居于湖南衡山五峰之下，学者称五峰先生。父胡安国太学出身，绍圣进士，除荆南教授，历任太学博士、提举湖南学事、江东路学事、中书舍人兼侍讲、提举万寿观兼侍读。胡宏自幼就受到良好的家庭教育，饱览经史，膺服理学，志向高迈。

宣和七年（1125）胡宏入太学读书，恰是洛学传人杨时任说书职。胡宏师事杨时，得洛学真传。汴京陷落后，胡氏一家寓居荆门，二程舅氏侯可之孙侯仲良也避乱于荆门，胡宏兄弟从之游，侯议论圣学，必以《中庸》为至。建炎四年（1130）战火频仍，胡宏随父迁至湖南湘潭碧泉，并协助父亲在碧泉书堂聚徒讲学，研究经史。父亲逝世，更使他于悲痛中励志自立，“期确然自守，不敢与流俗同波”。他将碧泉书堂扩建为碧泉书院，还在宁乡道山建道山书院。躬耕田野，自食其力；传播洛学，创建学派。他在《碧泉书院上梁文》中说：“明治乱之所由，岂荣华之或慕；贫者肯甘于藜藿，来共箪瓢，至而未断其贤愚。”“各敬尔仪，相观而善，庶几伊、洛之业可振于无穷！”胡宏卓然自立于道学受尽摧毁的两宋之际，以父师之遗志为己任。湖湘学派的兴盛，由胡宏主讲碧泉书院奠定基础。他的弟子张栻在《胡子知言序》中说：“优游南山之下余二十年，玩心神明，不舍昼夜；力行所知，亲切至到。析太极精微之蕴，穷皇王制作之端；综事物于一源，贯古今于一息。指人欲之偏，以见天理之全。”张栻是从胡宏创辟理学的学术境界来评论的，胡宏已有汇通濂学与洛学的识力和气魄，昭示理学的新转机。胡宏家传周敦颐书，盛赞其书而作序刊行《通书》。两宋之际，洛学在民间传播，二程门人都认为，二程理学始于周敦颐之濂学后更自光大，青出于蓝而胜于蓝。胡宏推崇周敦颐之濂学，实开张栻朱熹二程道统于濂溪的先声。

胡宏不仅学术境界高尚，他不求富贵、不依附权势的人品，也为世人称道。其父胡安国早年与秦桧有交往，曾叹“知人之难”。秦桧为相后问胡宏之兄胡寅，胡宏为什么不给他写信，意欲启用胡氏兄弟。胡宏中年丧妻丧子，家境困苦，他在《与秦桧书》中不避困苦，但坦然表明心志：“稽诸数千年间，士大夫颠冥于富贵，醉生梦死者，无世无之，何啻百亿？虽当时足以快胸臆、耀妻子，曾不旋踵而身名俱灭。某志学以来，所不愿也。至于杰然自立志气，充塞乎天地，临大节而不可夺，有道德足以赞时，有事业足以拨乱，进退自得，风不能靡，波不能流，身虽死矣，而凛凛然长有生气，如在人间者，是真可谓大丈夫矣。”信中所言，表明心志，彰显了真儒的独立人格。胡宏宁愿甘苦贫困，仍然不失儒者“大丈夫精神”，诚如后人黄百家评曰：“其志昭然，千古见焉。”

“兴国在人”的杨万里

杨万里（1127—1206），字廷秀，吉州吉水（今江西吉水）人。自幼攻读诗书，宋绍兴二十四年（1154）中进士，授赣州司户，后任永州零陵县丞。乾道六年（1170）任国子博士，不久迁太常丞。

杨万里出身清贫，了解百姓疾苦，为官耿直清廉，刚正不阿，疾恶如仇。在江东转运副使任上，他将自己应得的万缗金钱“弃于官库，不取而归”。当时，诗人徐玑称赞他“清得门如水，贫惟带有金”，说明他是官场难得的一名清官。

杨万里是一个具有爱国热忱和进步思想的学者，在政治上忧国忧民。他生活在民族矛盾十分尖锐的年代，目睹金兵入侵时对人民的蹂躏和南宋王朝的腐败，因此反对苟安求和，他十分重视“民”在“国”中的地位，把“民”与“国”紧密联系起来。他说：“民者，国之命。”他认为“民心”是决定国家命运的关键。

杨万里是十分重视人才的教育家。在杨万里的诗和书、札、策中充分反映了他对于人和人才的重视。他提出了“兴国在人而不在天”的观点：“国，一国也，有昨废而今兴，有既亡而复存；君，一君也，有朝弱而暮强，有前衰而后盛。夫岂不以人乎哉?”他认为国家如有人善于治理则“能延既衰之祚”。他认为“谋人者其国兴，备人者其国安，应人者其国仅存，而堕于人者其国必亡”。杨万里根据他兴国在人的观点，于孝宗乾道六年（1170）向朝廷上《千虑策》，从“君道”“国势”“治原”“人才”“论相”“论将”“论兵”“驭吏”“选法”“刑法”“冗官”“民政”等方面全面地提出了他的治国主张。在“君道篇”中提出“君道有为”的观点。他说：“天下之忧，忧其君之不为也。”杨万里在强调人的作用时肯定人定胜天，而不是天支配人，强调人的主观能动性。他说：“人之所至，天亦至焉，故曰人也。”他正确认识人的作用，把人才与国家兴衰联系起来，正确认识人与天的关系，提出“兴国在人”的观点，是很可贵的。

杨万里在强调人的作用时，对于人才和选才、用人等方面提出了十分宝贵的意见，批判了“今天下乏才”的说法，指出“天下之才其生在天，其成不在天”，强调社会环境和教育对人才成长的影响。他认为人从幼年到壮年到老年经过父母及君师的教诲和社会磨炼而成才，一旦发现就要倍加爱惜之。他指出，对人才不可求其全，“全才”是不可能的，只要具有某一方面专长，就应该使用其长。他说：“惟善用才者不惟能成天下之才，亦能转坏以为成，而不善用才者，不惟不能邀其成，而亦不能扶其坏。今日坏其一，明日坏其二，天下之才销委腐败，而缓急乃无一人为之用!”

关于人的能力问题，他正确地论述汉字中能与多能的关系，说：“古者求人之一能，后世求人之无不能。求其一能，是以多能；求其无不能，是以有不能。”按其求全能的观点去选才，是不能发现人才的，必然导致埋没人才。

在选才与用人方面，杨万里认为应“无亲无疏，无近无远”，出以公心，他反对以个人的好恶选才、用才。杨万里从对人不能求其全的观点出发，进一步阐述了对待人的功过问题。他认为一个人不可能没有缺点和过错，他说“人非尧舜，安能每事尽善”？当一个人“有百善而不幸有一过”时，若“以其一过而废其终身之百善”，那就没有“可惜”之人矣!

杨万里由此对科举取士弊端也提出了批评。他认为，所谓科举取士只不过是“以训诂之苛碎而求磊落之士，以虫鱼之散殊而钓文武将相之才”。所考试的内容不过是何晏、赵岐、孔安国之传注与孔颖达之疏义而已。他建议朝廷改革科举取士制度，选拔真正的有用之才。

“格物致知”的朱熹

朱熹（1130—1200），字元晦，号晦庵，祖籍徽州婺源，出生于福建南剑尤溪县。朱熹祖辈世代为官，他5岁开始读书，由父朱松亲授，深受二程思想的熏陶。14岁父病逝，遵父命从胡原仲、刘敏中、刘彦冲三人读书，他们均宗二程洛学，这些都对朱熹的思想产生过深刻影响。朱熹18岁登进士第，三年后任泉州同安县主簿，并师事父亲同门挚友李侗，深得二程之学的真传，为学平实。他的一生勤于读书、讲学和注释儒家经典，《四书集注》《朱子语类》等传行于世。从元朝开始，他的《四书集注》和其他经学注释被奉为科举考试的依据，他的言论几乎成了实际生活中判断善恶的标杆。他曾担任地方官员，官至焕章阁待制兼侍讲。朱熹在52岁的时候，被任命为提举浙东常平茶盐公事，巡历浙东各地，发现不法案情随时上奏朝廷。其中最为突出的是对台州太守唐仲友的揭发。据史料记载，朱熹进入台州后，“诉者益众，至不可胜穷”。唐仲友违法扰民、贪污淫虐、偷盗官钱，民愤极大，朱熹不由勃然大怒，写奏折题为《按知台州唐仲友》，一共写了六状。

在历史上朱熹致力于文化教育的基础建设。朱熹继孔孟、二程后重申学校教育的根本任务是“明人伦”，把三纲五常抬高为“天理”“治道的根本”，其实际内容是“存天理，灭人欲”。认为“天理”“人欲”同存于人性之中，互相对立、互为消长。人性是由“天命之性”和“气质之性”结合而成的。天命之性是由永恒的、至高无上的“理”而成，表现为仁、义、礼、智、信、三纲五常等道德观念。气质之性是人禀受“理”的派生物“气”而成，禀气清又厚者，易为外物所诱，表现为“人欲”，将“天理”遮蔽。他指出，凡人均有不同程度的气质之偏、人欲之私，经过教育和自我修养来变化气质，逐步达到革尽人欲，复尽天理。他认为国家设立学校，最终目的是造就贤才，改善吏治，但首先是能恪守纲常，做具有“孔颜乐处”道德境界的“醇儒”。

传承文化要有场所，朱熹十分重视学校堂馆的修复或兴建。他曾经整顿一些县学、州学，还亲自创办了同安县学、武夷精舍、考亭书院，重建了白鹿洞书院和岳麓书院。办学要有教材和章程。他编撰了“小学”和“大学”的教材，阐述了教材选择的标准和教育原则。他认为，孩童“洒扫应对进退”之间要懂得“礼乐射御书数之习”，长大后明德、新民，以止于至善，“是乃次第之当然”。“格物、致知、诚意、正心，修身者，明明德之事也。齐家、治国、平天下者，新民之事也。”朱熹亲自拟订学规，如“博学之，审问之，慎思之，明辨之，笃行之”，至今仍是求知的格言。“言忠信，行笃敬，惩忿窒欲，迁善改过”，作为修身之要，实在太重要了！

在中国教育史上，朱熹光辉的一页是与岳麓书院的兴盛发展之间的联系。乾道三年（1167）秋，朱熹从福建出发，行程两千里至长沙岳麓书院，拜会湖湘学派教育家张栻并进行会讲，开启了理学的闽学派与湖湘学派的相互促进、相互尊重的学术先河。他们“论中庸之义，三日夜而不能合”。举凡天地之精深，圣言之奥妙，德业之进修，莫不悉其源流，而一归于正人。

朱熹从湖南长沙归乡后仍念念不忘这次学术交流，他说：“旧在湖南理会乾坤，乾是先知，坤是践履；上是知至，下是终之。却不思今只理会个知，未审何年月理会终之也。”这两个学派交流的成果还可以以二十多年后即1194年朱熹任湖南安抚使知潭州所做的第一件事即兴学岳麓佐证。岳麓书院本是朱熹、张栻会讲之所，但当时书院很不景气，“师道陵夷，讲论废息，士气不振”。朱熹亲自拟订《潭州教授措置岳麓书院牒》，措施也是很切实的：聘请朱子门人贡士黎贵臣充当书院读书职事，聘请张栻门生郑一之为学录，掌管学规和辅助讲学；颁《白鹿洞书院揭示》于岳麓书院，更名《朱子书院教条》，以贯彻他的办学方针和教学思想，鼓舞士气，使岳麓书院有了最早的正式学规，也是中国教育史上影响千年的著名学规。

“为有源头活水来”，朱熹一生学而不厌、诲人不倦。即使庆元党案中将朱熹的道学斥为“伪学”之际，朱熹仍视学术为生命，处逆境仍笔耕不辍，足见朱熹的真品格、真精神。清人全祖望评价朱熹时说“致广大，尽精微，综罗百代”。人们公认朱熹是孔孟之后伟大的鸿儒，当是确论。

“广交学友”的张栻

张栻（1133—1180），字敬夫，又字乐斋，号南轩，汉州绵竹（今四川绵竹）人，出身于世宦家庭。其父张浚是南宋“中兴”的贤相，做过宋高宗、宋孝宗两朝的丞相，一生以恢复中原为宗旨，他在主持政务期间，力主抗战，反对议和，选拔重用韩世忠和岳飞等抗金名将。

张栻从小就随父辗转各地，自幼好学，4 岁时从父攻读经学，学习儒家忠孝仁义之道。在家学的熏陶下，张栻年十四便“脱然可语圣人之道”。张栻 29 岁拜胡宏为师，学二程洛学。胡宏是湖湘学派的理学大师，学问甚高，张栻对他很钦佩，始时闻五峰先生之名而心服之，时时以书信质疑求益。胡宏也很欣赏张栻，一见如故，“言气契合，天下之英也”。胡宏的教育思想影响张栻一生，他对胡宏的代表作《知言》赞赏不已：“其言约，其义精，诚道学之枢要”。张栻不仅从家学师学中获取思想营养，还广交学友切磋，时与有名气的理学家多有交往，其中与朱熹的“潭州嘉会”最为典型。1161 年张栻于潭州城南妙高峰筑城南书院收徒讲学，五年后岳麓书院修复，张栻被聘为书院主教。1167 年，朱熹在弟子陪同下千里迢迢从福建赴长沙，与张栻会讲。平等的交流，激烈的论辩“三日夜而不能合”，开创了学术自由辩论之风。这次“潭州嘉会”，张栻与朱熹相聚两个月，讨论了《中庸》的“已发”“未发”，存养省察之序以及“仁”等理学问题。

朱张两人虽然相距千里，但学术交流相当频繁，交相共济，共同提高，学术交流对他们思想的发展产生了深刻的影响。张栻原来师承胡宏观点，认为道德修养首先要在心处于已发状态。这时候通过察识的功夫把握心体之理，这就是立大本，立了大本，存养也就有所持守了。在与张栻会讲后，朱熹也乐于接受这个观点。后来朱熹提出人心有勃然而动的“已发”状态，但也有寂然不动的“未发”状态，省察是针对“已发”而言，若把存养放在省察之后，那么“未发”的修养功夫就被忽略了。朱熹诚恳地说：“益发处固当察识，但人有未发时，此外便合存养，岂可必待发而后察，察而后存耶？且初不曾存养，便欲随事察识，窃恐浩浩茫茫，无下手处。”朱熹的疑问抓住了张栻的软肋，并提出了先存养后省察的观点。张栻开始仍坚持己说，后来通过与吕祖谦等人切磋，才改变当初观点，形成以存养为本，存养省察二者并进的主张。张栻说“顾存养省察之功，固当并进，然存养是本。觉向来工夫不进，盖为存养处不深厚”，“不知苗裔，固未易培壅根本……此语须兼看。大抵涵养之厚，则发见必多；体察之精，则根本益固”。存养省察功夫就如同培养一棵大树，存养是养其躯干，省察是保护枝叶，这样躯干也就更加壮实。所以张栻认为二者要相兼并进。这种并进的观点反过来又影响了朱熹，朱熹也说二者是“交相助”，应当“无时不存养，无时不省察”。两人经过讨论，观点渐趋一致，渐趋合理。

张栻的教育思想在继承中发展，在吸收中创新。在“人心能推”与“心与理一”的基础上提出了“心主性情”“心宰万物”的命题，弘扬了人的主观能动精神，从而提出“人皆可以为尧舜”的教育主张，把儒学传统理想人格现实化。在教育内容上，提出要以“天下之事”作为学习内容，要求走出书斋在“行”中读书的重践履精神。在具体做法上，切切实实、脚踏实地，强调循序渐进，学与思并进，不能偏废。他还特别重视独立思考精神的培养。这种强调践履贵行的教育思想成了湖湘学派的特色。拯救社会的使命呼唤着这种重践履的行为，宋末元兵攻陷长沙，岳麓书生个个操戈登城，死者十九，尽管姓名无考，但是验证了张栻教育思想的悲壮。

黄宗羲曾评价张栻的思想“见识高，践履又实”，当是确评。正是这种思想对后世学风产生影响，滋润了一代又一代叱咤风云的历史人物。

“相兼相济”的吕祖谦

吕祖谦（1137—1181），字伯恭，人称东莱先生，婺州（今浙江金华）人，与朱熹、张栻合称“东南三贤”。吕祖谦祖辈宦途显赫，家学渊源深厚，中原文献之传独归吕氏。吕祖谦以儒为宗，博通经史；不名一师，兼收并蓄，开浙东“言性命都必考于史”之先声。隆兴元年（1163）登进士第，又中博学宏词科，次年授南外宗学教授。乾道五年（1169）任太学博士，添差严州教授，恰逢张栻为严州太守，两人心仪已久，一见如故，切磋学问，并对严州书院制订新的学规。乾道八年（1172）父吕大器病逝而服丧，结庐于武义明招山侧，前来问学300余人。吕祖谦曾与弟讲学明招山，创丽泽书院，“稽诸中原文献之所传，博诸四方师友之所讲，融洽无所偏滞”。

淳熙二年（1175）吕祖谦入闽专访朱熹，留住寒泉精舍旬日，合编《近思录》，作为学者入门教材。《近思录》选周敦颐、程颐等人的主要言论为主体内容，实为北宋理学的专集。《近思录》虽以朱熹之名刊行于世，但其凝聚了吕祖谦的兼收并蓄、切磋相长的治学思想。《近思录》作为以后《性理大全》等书的范本，影响中国学术五六百年，且传播至朝鲜、日本，堪称理学奇迹。

吕祖谦归浙时，朱熹亲自送行。吕祖谦还邀朱熹前往江西铅山鹅湖寺，与相约前来的陆九渊、陆九龄会面。朱熹与陆氏兄弟就道学中一些重要问题进行论争，此即儒学史上著名的“鹅湖之会”。吕祖谦组织这次会见，有意“欲会归于一，而定所适从”。吕祖谦重视这次活动，“甚有虚心相听之意”。“鹅湖之会”双方观点交锋激烈，朱熹认为陆九渊兄弟“尊德性”“先发明本心”“心即理”

的主张是“简易工夫”；陆九渊则批评朱熹的“道问学”“即物穷理”是“支离事业”，当时显然没有达到“会归于一”的目的，但是对吕学、朱学及陆学的发展产生了深远的影响。“鹅湖之会”上的学术争论，促使双方反思。淳熙六年（1179）朱熹赴南康军任职，寓铅山崇寿僧舍，陆九龄拜访，有讲论切磋之乐，“幡然以鹅湖所见为非”。次年陆九龄病逝，朱熹写悼文，赞扬陆九龄“降心以从善”，称是“道合志同”的挚友。淳熙八年（1181）春天，陆九渊亲自率门人陆麟之等赴南康，朱熹率同僚、门人迎接，还请陆九渊登白鹿洞书院讲“君子喻于义，小人喻于利”一章，说得义理分明。朱熹即席赞曰：“熹当与诸生共守，以无忘陆先生之训。”还谦虚地说：“熹于此不曾说到这里，负愧何言。”还将陆九渊的讲义刻石于书院，供门人永记。这个变化与吕祖谦在会后极力做说服工作有关。

吕祖谦强调“讲贯通绎”，兼取朱陆之长。他认为，“讲贯通绎，乃百代为学通法。学者缘此支离泛滥，自是人病，非是法病。见此而欲尽废之，正是因噎废食。然学者苟徒能言其非，而未能反己就实，悠悠汩汩无所底止，是又适所以坚彼之自信也”。吕祖谦要求讲实理，育实材而求实用，认为学习不应讲论之际，“闻街谈巷语，句句有可听；见舆台皂隶，人人皆可取”。“以史为鉴”，吕祖谦很重视历史的道德教育功能，他说：“多识前言往行，考迹以观其用，察言以观其心，而后德可蓄。”吕祖谦特别重视历史事件的本来源流及其盛衰变化，主张“看一代之所以升降，一国之所以盛衰，一君之所以治乱，一人之所以变迁。”可以看出，这是继承了司马迁“通古今之变”的史识之经验的真知灼见。

吕祖谦平生足迹所至，注重师友讲习，奖掖后进。由于他博学多识，待人诚恳，论学取友不以门户之见自囿，故四方之士争相师之。吕祖谦去世后，其弟吕祖俭继其讲习，使吕学相传不绝。明代浙东地区学者云集，人文兴盛，吕祖谦是功不可没的。

道艺兼习的叶适

叶适（1150—1223），字正则，温州永嘉（今浙江温州）人，学者称水心先生。他出身于“贫困三世”的寒门，其母是位贤惠知理的人，以义激励，使他树立了远大的人生目标，形成“天下风教是非为己任”的经世精神。少年时代师事陈傅良，与之交游达四十年之久。青年时代的叶适曾问学于陈傅良崇敬的郑景望，得伊洛学之精神。乾道八年（1172）叶适奉母命赴京师临安，开始寻求实现抱负的机遇。淳熙五年（1178）叶适应试中进士，授平江节度推官司。叶适从步入政坛至开禧三年（1207）被劾去职，有三十年政治活动经历，其间他也未完全脱离教育活动，先后担任太学博士和国子司业，常有弟子相伴随。由于叶适从事政治实践，对南宋社会矛盾有比较深刻的了解，因此他对教育问题亦多从政治需要出发，尽量避免陈亮永康事功之学的偏激，从现实社会对人才的需求进行考察。

叶适强调学习是成为圣贤的必要条件：学者圣之所出，未学者圣之所存。“择天下之明师良友以成就之，使其才器卓然，可以为国家用。”在叶适看来，南宋要实现维护国家的长治久安、恢复中原的目标，就要培养道德和事功能力兼备的人才。叶适择官吏在道德上的要求称为“知上一截”，在事功能力上的要求称为“知下一截”。“上一截”不仅要求官吏有忠义仁爱、清正廉明、勤政为民的为政品德，而且还要能够领会最高统治者的为政意图，即所谓“国论”。叶适的教育内容与范围甚广，包括儒家传统教材、各代历史以及诸子百家的书籍，另外还要从实事中求知识。基本上是一个以经学为“统纪”，以史学、诸子百家之学为依托，并注意参证实事的体系，即他所说的“据经陈史、质证今事”。叶适虽是一个儒家学者，但他反对以儒自限、摒弃诸家的学问。他说：“观众器者为良匠，观众方者为良医，尽观而后自为之，无泥古之失而有合道之功。”叶适并不想让各家学说与儒家平起平坐，只是吸取各家学说中有益于具体事功的治国方术；叶适的政治观是本末兼重的：封建国家的统治之“本”与具体事功之“末”是可以兼收并蓄的。

叶适的教育思想与朱熹、陆九渊、吕祖谦、张栻所论的“道学”同中有异，叶适晚年写的《习学记言序目》50 卷是一部宣传事功的学术著作。在嘉定十二年（1219）七月写的《南安军三先生祠堂记》里，叶适充分表达了他对周敦颐、程颢、程颐创建道学之贡献的敬意：“南安者，昔周子、二程相与讲习，其地群圣人之道赖以复明。”道者，精神生命之方向之谓也。周敦颐开启二程兄弟“寻孔颜乐处，所安何事”的典型事例，使之明白内圣之学的人格精神，也即叶适称此为“圣人之道赖以复明”。这犹如烛火照亮暗室，犹如旭日从东方升起。难怪叶适情不自禁地惊呼：“觉于是而进，余所进也；安于是而止，余亦止之。”

“学为圣人”的许谦

许谦（1270—1337），字益之，自号白云山人，婺州兰溪（今浙江金华）人。自幼刻苦学习，博闻强识。其母陶氏授以《孝经》《论语》入耳辄不忘。后师从金履祥，刻苦钻研，学业大进，思想精深，几可与师齐名。地方官屡欲举荐，皆固辞不受。皇庆二年（1313）应肃政康访副使赵宏伟之命赴金陵执教。次年回乡，屏迹东阳八华山中开办私学，前来受业者，前后千余人，分别来自幽、冀、鲁、荆、扬、吴、越各地，可谓大江南北。许谦根据学生的才分，惰者作之，锐者抑之，拘者开之，放者约之，使之咸有所得。

许谦不求闻达，潜心教书四十年，其义理之学以朱熹为主，兼综陆九渊。他博涉天文、地理、典章制度、食货、刑法、字学、音韵、医经、术数之说，释老之言，亦洞究其蕴。元仁宗皇庆二年十一月行科举考试，“专以周、程、朱子之说为主，定为国是，而曲学异说悉罢黜之。”原来受禁毁的朱子学说已经成为如日中天的显学，许谦自然是高兴的，但他独不以科举之文授人。认为“此义、利所由分也”（《元史·许谦传》）。他还是挺立自己的学术人格来研读朱熹著作，“于先儒之说，有所不安，亦不苟同”。许谦求学金履祥时，金对他说：“吾儒之学，理一分殊。理不患其不一，所难者分殊耳。”这本是李侗教朱熹的话，金履祥用来开导许谦，现在许谦按这个传统读书并教弟子，从这里可以看出许谦的学术人格。

许谦与他的老师金履祥一样主朱学，他曾说，圣人之心，俱在《四书》。而《四书》之义，备于朱子。但他不盲目推崇，而是严格遵循格物致知、读书穷理的方法，“于书无不读，虽残文羡语，皆不敢忽。有不可通，则不敢强”。许谦这样说，“于《诗》则正其音释，考其名物度数，以补先儒之所未备，仍存其逸义，旁采远引，而以己意终之”。许谦自己就是这样“学为圣人”：他尊敬先儒，“虽残文羡语”都不敢疏忽，释考之，“补”先儒未备，最后“己意”终之，确有“吾爱吾师，吾更爱真理”的圣人风范。许谦坚信“理主乎气，气载乎理。二者未尝可离”，君臣等五伦常和仁义等五善性都是天理的表现，教育的作用在于“明善而复其初”，即明善复性，“或扶持开导，奖劝诱掖于人欲未萌之先，或攻击淬砺、防闲禁遏于天理既亏之后”，从这种明普复性出发，他提出了“学为圣人”的教育目标。他说：“拜圣人之性，非与人殊，小过尽人伦之至而已。学者以圣人为之标准，知其日行以求其至，明其道而不计其功。”这就是说，一般人以为圣人在本质上不存在区别，只要以圣人为榜样和标准，就能像圣人那样明道躬行。读朱子《四书》以求得圣人之心，日行人伦以学做圣人之事，知与行结合，“学为圣人”的目的就可能达到。许谦的教学至诚，竭其所能；讨论讲习，终日不倦。许谦以他四十年潜心教书的独立人格影响弟子。许谦死后，江浙行中书省请命于朝廷，建立四贤（何基、王柏、金履祥、许谦，合称“北山四先生”，即“四贤”）书院，以奉祠事。

“致良知”的王阳明

王阳明（1472—1529），字伯安，名守仁，浙江余姚人。他是明代著名的思想家、教育家。他曾隐居会稽（今浙江绍兴）阳明洞，创办阳明书院，世人称阳明先生。他父亲王华是明宪宗成化年间的状元，官至南京兵部尚书。王阳明28岁中进士，任刑部、兵部主事，并主考山东乡试。1507年曾在长沙岳麓书院讲学，1508年在贵州创办龙冈书院，1509年主讲贵州书院。1519年，他起兵勤王，平定宁王朱宸濠的叛乱。后在总督两广军务时，办思田学校、南宁学校和敷文书院。退职还乡期间，先后创办稽山书院和阳明书院，并讲学于余姚龙泉寺。他的弟子遍布江西、福建、浙江、湖南、广东和贵州等地。

王阳明认为，教育的作用是“致良知”。他继承和发展陆九渊的“心学”。陆九渊提出“心即理”的思想，认为仁义礼智等“天理”是“根乎人心则塞乎天地”。王阳明继承了这一思想，认为“理在本心”，“心”是天地万物的起源，也是主宰。教育的作用就是“不假外求”“求理于吾心”，直截了当地向内寻找，到内心中去体认。他认为“良知”是“心”的本质，一切事物及其规律都包括在“良知”之中；这个“良知”在人的整个生命过程中始终存在着，既不会减少，也不会丢失，但可能被蒙蔽，因此要抓紧教育。他认为儿童时期“良知”受蒙蔽最少，保存最多。

他主张教育从儿童开始，教学要注意儿童的年龄特点。他说：“大抵童子之情，乐嬉游而惮拘检，如草木之始萌芽，舒畅之则条达，摧挠之则衰萎。今教童子，必使其趋向鼓舞，中心喜悦，则其进自不能已。”就像草木刚刚萌芽，顺应它就会发展，摧残它就会衰退。所以他主张采取使儿童“趋向鼓舞”和“中心喜悦”的积极教育方法，才能使儿童的学习日有长进，就如春风时雨滋润草木一样，盎然生意，而不是冰霜剥落，生意萧条。

他还主张给儿童以诗歌、习礼、读书三方面的教育，陶冶儿童的思想和性情。一是“诱之诗歌”，他主张以唱歌吟诗的方式来教，这样不仅能激发他们的志向，而且还能消除他们的顽皮，使其多余的精力有发泄的机会，也能解除儿童内心的愁闲，使他们开朗活泼起来，并能适度地表达其情感。二是“导之习礼”，他主张以学习礼仪来教育儿童，使儿童养成一定的礼仪习惯，而且还能通过礼仪动作“动荡血脉”，锻炼身体，健壮体魄。三是“讽之读书”，他主张通过读书开发儿童的智力，增加儿童的知识，同时还能“存心宣志”，使儿童形成一定的道德观念和理想。

王阳明有一个学术主张，即“知行合一”。他在《传习录》中提出“知是行的主意，行是知的功夫；知是行之始，行是知之成”，强调了知行的统一。

在中国，王阳明的学说不仅影响了晚明及清代的整个社会思潮，而且延续到近现代。康有为曾吸收阳明心学作为他推动维新变法的理论动力。陶行知先生原名陶文俊，他敬慕王阳明的哲学思想，奉“知为行之始，行是知之成”为至理名言，于是先改名为陶知行。后来在工作实践中他的思想发生巨变。他认为，富兰克林、瓦特等人都是先有实践，而后才有新的发明创造的，于是他又改名为陶行知。他解释道，他的理论就是行、知、行。行是知之始，知又可以反过来引导行。

王阳明的学说传到海外，成为日本明治维新的指导思想和动力，对日本近代变革起到了推动作用，这一点值得我们深思。

“思想自由、兼容并包”的蔡元培

蔡元培（1868—1940），字鹤卿，号孑民，浙江绍兴人。他为中华民族进步，为改革和发展中国教育事业，做出了重要贡献。他出身于商人家庭，11 岁时其父亡故，母亲周氏含辛茹苦将蔡元培兄弟抚养成人。23 岁应乡试中举人，26 岁殿试录为第二甲第 34 名进士，授翰林院庶吉士。

中日甲午战争后，蔡元培开始涉猎西学以寻求救国之道。光绪二十四年（1898）戊戌变法失败，他对腐败不堪的清王朝深感失望，“居今日而欲自强，其必自人心风俗始”，必须“培养革新之人才”。于是毅然弃官而归故里，出任绍兴中西学堂总理（校长），开始了教育生涯。他不仅注重物理、化学、生物和外语的教学，而且对所聘新派教员敢于纠正重男轻女旧习予以支持。光绪二十七年（1901），上海澄衷学堂校长刘树屏请假，蔡元培代理学堂校长。半年后，他前往南洋公学任教。南洋公学新开特班，授以英文及政治、理财诸科，以备保送经济特科。招收学生邵力子、黄炎培、李叔同等 42 人，蔡元培任总教习。他亲自手写修学门类及每门应读的书目次序，让每一学生自认一门或两门，指导他们自己阅读并做札记，规定每月作文一篇，他还亲自批改。在南洋公学任教期间，蔡元培向学生灌输爱国思想，提倡民权女权。后来蔡元培发起成立中国教育会，旨在培养理想的国民以建立理想的国家。中国教育会表面上办教育，暗中鼓吹革命，它是 20 世纪初国内最早出现的革命团体，似初升的太阳，光芒四射！

1907 年蔡元培去德国留学，吸收西方文化科学知识，尤其受康德的哲学和文学思想影响较深，并在德国编撰了《中学修身教科书》。1911 年底蔡元培奉孙中山之召回国，次年出任中华民国南京临时政府教育总长，后继任北京政府教育总长。蔡元培发表了《对于教育方针之意见》，主张改忠君、尊孔、尚公、尚武为国民教育、实科教育、公民道德教育、世界观教育、美育，以养成健全之人格。

蔡元培所主张的“国民教育”，主要包括军事训练和体育锻炼：前者是出于“我国强邻交逼，亟图自卫”的需要，以及行“举国皆兵之制”以在可能出现的军阀专制的情况下藉以维护民权的需求；后者则是为了“发达学生的身体，振作学生的精神”，让青年“以健全的体力，去运用思想，创造事业”。他主张的“实利主义教育”则是发展国民经济，提高生产力，使国家富强的手段。实利主义教育的主要内容是科技文化知识，生活的改良、社会的改造、艺术的创造，无不与科学的发展有关。要重视中小学阶段的教育，这是培养人才的基础。“公民道德教育”则是国民教育和实利主义教育的根本，是“五育”的“中坚”。他认为公民道德教育要“贵在实行”。所谓“世界观教育”，则是使人们能够超越于“现象世界”而获得“实体世界”的观念。而由“现象世界”进入“实体世界”的桥梁则是“美育”。“美育者，应用美学为之理论于教育，以陶冶性情为目的。”上述五育是“今日之教育不可偏废者”，唯全面和谐地发展，方能“养成共和国健全人格”！

蔡元培于1916年12月26日出任北京大学校长。他推行改革，设校评议会、教授会，开创学校民主管理体制。1920年首先招收女学生，开中国高等学校男女共校之新风，倡导“思想自由，兼容并包”，广延诸家，励兴学术，倡导自由研究。国外的罗素、杜威等世界著名科学家到北大演讲，北大研讨思辨之风从此兴盛，形成勤奋严谨的学风和学术民主的传统。五四运动前后，北大成为研究传播革命思想及发展文化科学的重要基地、新文化运动的中心，并成为五四爱国运动的发源地。

大学是一所研究高深学问的机关，而蔡元培就是启动北大文科改革的关键人物。在蔡元培就任北大校长之前，因继承了“老爷”式学堂的传统和受袁世凯搞帝制复辟这种政治气候的影响，校内民主思想受到压制，改革成效不显著，北大封建沉疴未去。就是在这样一种情况下，蔡元培不顾他人的阻挠，毅然决然地接下北大这个“烫手山芋”，对北大进行了全面改革。

“囊括大典，网罗众家；思想自由，兼容并包”是蔡元培在就任校长之初提出的办学原则。蔡元培根据“积学与热心”标准，遵循思想自由原则，兼容并包，延聘很多知名学者到北大任教。其中，既有信仰马克思主义的陈独秀、李大钊，也有主张复辟、留着长辫子的辜鸿铭。辜鸿铭曾说过这样一句话，“精神上的辫子去掉并不容易”。因受清朝科举制影响之深，当时学生为求取功名的恶习难改，也就很难剔除自己思想上、精神上的落后腐朽思想。因此，蔡元培进行了一系列的整顿和改革，最终使北大成了一个培养具有“自由之意志，独立之人格”的高级人才的最高学府。

每个人都有言论的自由，可是迫于当时的社会环境，很多事情敢想却不敢说，敢说却不敢做，这样的社会现状极大地束缚了人们的思想与言行。然而，蔡元培却主张“崇尚自然，发展个性”等以人为本的育人原则，让人们获得更为广阔的思想空间。一个人精神上的理想和追求，是别人抢也抢不走的。“大学为纯粹研究学问之机关，不可视为养成资格之所。学者应当有研究学问之兴趣，尤当养成学问家之人格。”在求学之路上始终抱有一颗坚持探索的心，这是求学的最高境界。

中国这样大，积弊却这样深，革命和教育是他奋斗的基础。因此，蔡元培创立了光复会以反对清王朝，与黑暗势力抗争。蔡氏的北大改变了中国的教育模式和教育气质，北大也因他们而成为我们众多学子梦寐以求的求学圣地。“教育民主，教育平等”，蔡元培的健全人格的教育思想改变了教育的根本方向，革新了教育的品格，使中国教育真正走上了现代化轨道。

下编

当代名师

生命与使命同行

——记全国教书育人楷模于漪

2013 年 6 月底的一天下午，南洋模范中学的礼堂里正举行于漪主编的《教育魅力》一书的首发仪式。

80 多岁高龄的于漪老师满怀喜悦地向优秀青年教师代表赠送倾注她心血的《教育魅力》一书。赠完书后，她还与优秀青年教师代表们合影留念。

被誉为“青年教师成长钥匙”的《教育魅力》，确实让读者特别是教育界人士刮目相看。南洋模范中学校长高屹说：“教育唤醒魅力教师，教育更期待魅力校长。”拥有魅力文化的南洋模范中学在历史上孕育了多位独具魅力的校长。沈叔逵校长要求自己和教师们要爱护学生，并且要普遍地爱护学生，相信每一个学生都能够成材。高屹校长激动地说：“学习了于漪老师这本书，有太多的感动需要我去领会、去品悟、去修炼；于漪老师对教育长久不衰的炽热情感，正是她的人格魅力所在。她既是有魅力的教师，也是魅力无穷的校长，引领我们在修炼的道路上不断前行！”

于漪大学毕业离开母校走上工作岗位已整整一个甲子。岁月流逝，六十年一晃而过，但当年复旦的许多老师上课的精彩情景仍历历在目。子彬院、A 教学楼、B 教学楼，学子们跑着上课，抢座位，对知识的渴求难以言表。至今，许多老师的谆谆教导仍常在耳畔回响、萦绕。母校的培育之恩刻骨铭心，永志难忘。特别是母校“博学笃志、切问近思”的复旦精神绘就了她生命的底色，激励她一辈子锐意进取，奋勇向前，让自己的生命和教书育人的使命结伴同行。

人无志不立。人有了脊梁骨才能直立行走。人没有志向，没有理想信念，没有精神支柱，就不可能成为名副其实的人，就不可能脱离卑琐的动物状态。复旦的“笃志”精神教育了她四年。志，要一心一意地立，专心致志地立。在复旦精神感召下，在许多优秀老师的教育下，她立下了这样的志向：一辈子从事基础教育，做人师，做一名合格的人师。这个“格”，不是打分，不是量化；这个“格”，是国家的期望，人民的嘱托。她做老师，要让千家万户老百姓放心。

教育教学工作中碰到许多困难，有的时候真是问题成堆，怎么从困境中走出来，克服那些困难？做老师，要提高教育教学的有效性，身上必须有时代的年轮，跟随着时代前进。为此，于漪不断努力学习，增长才干。有人问她：你做了一辈子老师，有什么经验？于漪告诉他：“与其说我一辈子做教师，不如说我一辈子学做教师。为了可爱的学生，为了他们的成长、成人，我一辈子在学。”

怎么立德？怎么修身？怎么求知？怎样才会有比较丰厚的文化积淀？怎样才能有娴熟的教学艺术？孩子只有一个青春，青春是无价宝。每个学生都是国家的宝贝、家庭的宝贝，教师工作中不敢有丝毫的懈怠。在复旦精神“切问而近思”的鞭策下，拷问灵魂：“你尽责了没有？尽心了没有？你耽误了他的青春没有？”中学生进学校求知，一天要上 7 节至 9 节课，生命的大量时间是在课堂里度过的，因此，课的质量会影响学生生命的质量。如果只教在课堂上，教在黑板上，就会随着声波的消逝而销声匿迹。课要教到学生身上，教到学生心中，成为他优良素质的因子，才尽到了教师的责任。因此，每堂课下来，作为教师都要反思，寻找和记下自己教学的不足、缺陷乃至错误，探求学科教学的规律，探求育人的规律。于漪几百万字的文章、书籍，如《于漪文集》《于漪新世纪教育论丛》都是反思教学、探索学科性质功能、探求教育教学规律的表述。正如罗曼·罗兰所说：“累累的创伤，就是生命给你的最好的东西，因为它标志着你前进的步伐。”她做了一辈子的教师，上了近两千节的公开课，反思下来，没有一节十全十美的课，有的还创伤累累，为此，必须不断学习，刻苦学习，这种永不衰败的内驱动力来自复旦精神的支持与哺育。

笔者同于漪老师相识于20世纪70年代。我刚从北京调至上海宜川中学，听过于漪老师的课。后来参加她主持的教师学研究会，从内心佩服她娴熟的教学艺术。2003年在上海教育报刊总社当编辑时，几次采访于漪老师，整理她对教育真知灼见的讲话，确实感觉到她的生命与国家的前途使命紧密相连，努力地与她同行！

教育的真正目的是培养人，要摆脱片面质量观的干扰，冲破“育分”的藩篱，使学生德智体美获得发展，使学生的社会责任感、创新精神和实践能力得到提高，这比在题海中浮沉难得多，需要静下心来，刻苦钻研，在专业的精深上求索，切实把握教育教学规律，形成独特的教育教学风格，对学生形成巨大的吸引力和感染力。

于漪老师的话实实在在。我在编辑《校长之友》过程中也搜寻历史上一群身无分文的知识分子行走在学生中间的故事，他们屹立于天地之间，悲天悯人，为苍生造福，令人感动！教育的力量来自教师人格的活的源泉，这就是教师的人格魅力。历史启示今天，肩负教育人的现代教师，理应从传统中汲取精华，锻造自己的时代精神。

张志敏与格致文化

为促进教育事业发展，表彰在教育教学、教育科研和教育管理工作中做出突出贡献的优秀教育工作者，2002 年本市设立“上海市教育功臣”荣誉称号制度。“上海市教育功臣”每 5 年评选一次，每届评选 10 名，由市政府发文表彰。2013 年 6 月，上海格致中学校长张志敏获“上海市教育功臣”荣誉称号。

张志敏校长接受记者采访时引述陶行知先生的话“处处是创造之地，时时是创造之机，人人是创造之才”。他说，高中教育应该从课堂入手，为学生提供多样化的平台，培养学生的创新能力。

在上海的闹市中心人民广场附近，五栋外墙赭红色的建筑错落有致、庄重典雅，这就是有着悠久办学历史的学校——上海市格致中学。校门口，有着近百年历史的“校史楼”斑驳的墙面前，有一块高达三米多的巨石，上面镌刻着毛泽东同志亲笔书写的“格致中学”四个大字。学校根据功能定位，将学校的四幢楼分别命名为“格意楼”“物趣楼”“致远楼”和“知行楼”。楼名首字连读为“格物致知”，次字连读为“意趣远行”，寓意隽永，耐人寻味。校园的中央草坪上矗立着两尊青铜塑像，他们分别是格致书院的主要创始人中国著名化学家徐寿和英国著名学者弗兰雅。在“致远楼”底层大厅的照壁上，由著名学者、上海博物馆馆长陈燮君先生书写的“格物、致知、诚意、正心、修身、齐家、治国、平天下”格外引人注目。校园里多的是枝干遒劲、姿态各异的盆景，它那历经沧桑的年轮，见证着学校的发展。学校的整体风格折射出这所老校所独有的文化积淀和历史底蕴。

二十世纪九十年代初，时任上海市长的朱镕基同志到校视察，他不无感慨地说："格致中学以三流的校舍、二流的设备，培养了一流的人才。"作为一所历史老校，它的魅力不在于楼有多高、设施有多好，在于先进的教育理念和显著的办学业绩，更在于其丰厚的历史底蕴和学校文化。因为，学校文化是彰显办学个性的旗帜，对于像格致这样有着悠久办学历史的学校，也可以说学校本身就是一种文化，是一种教育品牌，一种底气。"格物致知"作为品牌内涵，是学校文化的核心，它决定并支撑着品牌的发展，既是办学理念的体现，又是区别于其他学校文化的根本标志。

"格致文化"的传承

所谓的学校文化决不是简单的学校办学历史，它是一种呈现办学理想的、融理念与实践的文化现象，是能够体现办学传统和办学特色的学校精神。有着悠久办学历史的格致中学，是近代中国上海最早系统传授西方自然科学知识、培养民族科技人才的新型学校。格致中学的发展史，正是中国先进知识分子追求民族独立、国家富强的爱国精神缩影。学校的持续发展要重视学校文化的传承，只有在传承的基础上，才可能有新的发展。学校的发展决不能在废墟上重建，而应该站在巨人的肩膀上，这个"巨人"就是学校历史。

上海市格致中学的前身为格致书院，1874 年由清朝重臣李鸿章倡办，由中外各四位董事组成校董会。它是我国近代最早由中外合作开办的学校，也是近代中国系统传播西方自然科学知识、培养民族科技人才的新型学堂。格致的先驱们取《礼记·大学》中提出的"格物、致知、诚意、正心、修身、齐家、治国、平天下"八目中的"格致"二字为书院命名。"格致"作为"格物致知"的省称，其要义是"穷究事理，获得真知"，即强调只有反复思考推究，才能明了"物之本末，事之始终"，才能实现"诚意、正心、修身、齐家、治国、平天下"的理想。

"科学初到中国的时候，没有相当的译名，当时的学者就译作格致。"胡适如是说。人们把“格致”作为物理、化学等科学的总称，把自然科学译成“格致学”，把自然科学家称为“格致家”。格致书院的创始人徐寿、华蘅芳、王韬等就是这样的一批格致家、思想家和教育家。他们创办新学，广招有志青年，传授西方科学知识，开创我国近代科技教育先河，为中国培养了大批的科学人才。

“格致文化”的内涵主要体现在四个方面：它彰显了中国儒家文化倡导读书人要注重个人修身养性，进而兼济天下的传统；它呼应了“五四运动”引进的科学、民主的精神，进而实现民族强盛的时代要求；它体现了近代中国知识分子学习西方先进科学技术，实践科学救国的务实精神；它注重科学方法和科学精神的培养，践行“格物致知、求实求是”的教学原则。

格致中学的办学传统和特色是“科学教育”，它源于学校的创校先驱们目睹国家贫弱，希望通过兴办教育，引进西方科技以强国富民。这种精神是格致书院办学宗旨之源。但当时讲“科学”，内涵主要是指学习、传播西方的自然科学知识和科技新法。当代格致人继承“科学”传统，除了学习来自西方的科学新知之外，还应该注重培育学子的“科学精神”。这种科学精神至少应该包含非功利的追求真理的精神；实证的原则（这是寻求真理需要的方法）；人类理性的原则。这才是对“科学”传统全面的理解。

“格致文化”的创新

学校文化是一所学校师生认同的精神灵魂，是学校一切工作的社会价值和人生价值的显性标志。它应当体现时代的发展，体现高尚的人文情怀。“格物致知”是学校文化的灵魂，在新的发展时期，学校提出要进一步弘扬“格物致知”精神，确立了“文化立校、学术兴校、管理强校”的发展策略，光大学校“爱国”“科学”的办学传统，培养学生的“民族灵魂、科学精神、创新素养、国际视野”核心素质，建设融历史与现代于一体的经典名校。

发掘学校历史资源，丰富格致文化内涵

建校 130 周年校庆，学校新辟了一栋老楼作为校史馆，大量丰富的史料真实

地反映了学校的沿革，它是中国近代科教史的“缩影”，折射出中国近代教育和科技的发展历史。学校编撰出版了《格致校史稿》，系统整理了创校以来的学校沿革史。学校还发掘整理了二十世纪五十年代初，毛泽东同志写给我校任国文教师的许志行先生的五封信。信中毛泽东同志“教书甚好，教书就是为人民服务”的教导，不仅是对格致教师，而且也是对所有教育工作者的极大激励和鼓舞，也为学校文化建设增添了珍贵的史料。校友麦新是著名抗日歌曲《大刀进行曲》的作者，后来受党委派去内蒙古开拓根据地，后在战斗中壮烈牺牲。学校命名了“麦新班”，每年举行“麦新杯”校歌比赛，并以麦新的革命生涯研究为突破口，进一步发掘校史珍贵资料。学校还组建了一支由院士领衔的校友讲师团，定期开设学术讲座。校友杨福家院士个人出资在母校设立“爱国奖”，连续十四年回母校颁奖并做科普报告，极大地推动了学校的科技教育。学校还定期出版《校友风采录》，让学生从杰出校友的成长经历中，学习杰出人才的精神品质。

学校把“基础型课程校本化、拓展型课程多元化、研究型课程自主化”作为课程改革的基本方略。所说的“基础型课程校本化”，其目的是为培养学生高效的学习能力，从而腾出更多时间拓展学习领域。所说的“拓展型课程多元化”，其目的是为了更多元地发展学生的个性特长。所说的“研究型课程自主化”，其目的是培养学生探究和合作的精神。

以培养完整的“人”为出发点，学校对学校课程进行结构性整合，把课程整合为“四大类”（公民人格类、文化科学类、身心意志类、创意技艺类）。这四类课程的价值目标各有侧重：公民人格类课程，旨在培养学生的政治素养、道德修养、民族精神、公民意识、全球意识和领导能力；文化科学类课程，旨在培养学生的科学精神、人文素养、科学态度、科学方法、探究能力和共生意识；身心意志类课程，旨在培养学生的意志品质、健康心理、关爱生命、合作竞争、运动技能和健身习惯；创意技艺类课程，旨在培养学生的创新意识、创意谋略、创作才能、创造技能、表演才艺、审美情趣。这四类课程互为联系，既注重个性特长又注重和谐发展。

支撑这四大类课程的有“八个学科群”（民族历史与文化、科学知识与技能、人类社会与自然、艺术审美与体验、心智意志与体魄、社会责任与能力、学科前沿与先导、世界文化与视野）。在每个学科群下分设若干门拓展课，总共有120 多门。学校的课程设置旨在强调单科性与互通性的统一，普及性与提高性的兼顾，明理性与实践性的融合，尽可能为学生和谐而个性的发展提供多元、交互和有效的课程。

学校先后根据学生的需求开设了《格致学》《经典哲学》《创新学》《金融常识》《关注生存环境》《综合才艺拓展》等 60 多门校本课程，分别从自然科学发展史、科学方法论、创新思维品质、社会责任担当、高雅审美情趣等方面塑造学生健全的人格。为了培养学生的创新精神和实践能力，学校还专门设计了创意技艺类的课程，实施以来取得了显著的效果。据不完全统计，学生在全国理科奥林匹克竞赛和英特尔创新大赛中共获市级以上一等奖 223 项、二等奖 479 项、三等奖 407 项。学生申请获得的国家专利达 640 余项。2009 届的邓蓓佳同学在两年时间里共获得 19 项国家专利，其中的 3 项无偿转让给上海世博会。她深有感触地说：“《创新学》激发了我的创新激情和创新意识，提高了我的创意谋略，培养了我的创造技能和创作才能，这将使我终身受益。我想在未来应该从理论创新方面继续努力。”李仕豪同学被评为“全国第四届中国少年科学院小院士”。学生的环保意识明显提高，环保行动更加积极。“绿色成长”社团设计的节能环保项目获国家环保部“节能减排优秀方案设计及实施”第一名。

物理组在各类实验课程的基础上，开发《创新思维与制作》校本课程，为学生开设了社团实验类课程《物理实践与探索》，该课程提出了“玩物理、留勋章”的理念，“玩物理”就是让学生没有压力地进入课堂，在一周的繁忙学习之后，来到一片属于自己的天地，和伙伴们一起放飞思想理念、开展动手实践。“留勋章”则是鼓励学生的创造性作品，贴上标签，有的可以在课堂中做演示实验用，有的则可留给学弟学妹们作为样本。为了给学生创造更好的活动条件，学校新辟了近 200 平米的“格物实验苑”，添置了最新的实验仪器。

为了使更多的同学有机会体验不同的学习和研究经历，学校启动“格致学生海外课题研修计划”，建立了学生海外课题研究基金，鼓励学生带着课题赴海外开展研究。我校实施的海外课题研修计划不同于单纯的海外游学，它立足于学生独立进行或者团队合作开展的课题研究，在境外的研修基地、社区和家庭开展研究。目前，每年遴选若干项学生申报的研究课题，资助部分学生前往美国、法国、德国等格致中学海外课题研修基地开展考查研究。求真务实的精神、科学严谨的态度以及合作交流的能力得到友好学校的好评，也取得了一定的研究成果。

学生社团活动也是丰富学生学习经历，发展学生个性特长的重要平台。学校现有六大类（理论学习类、学术科技类、社会实践类、文娱体育类、兴趣爱好类、志愿服务类）近30个学生社团。“模拟联合国”“根与芽”“茶艺社”“天文协会”“惜源联盟”等社团获得“上海市中学生明星社团”称号。通过社团这一平台，培育了学生的团队精神、合作意识和社会责任感，锻炼了学生的领导才能和实践能力，为学生走向社会提供了自我认识、自我管理和自我教育的机会，促进了学生的多元发展和自主发展。“悦苗爱心社”的王梓余同学被联合国儿童基金会评为全球“爱心大使”。“模拟联合国”社的刘明扬同学还代表中国参加了纽约联合国青年大会。

《国家中长期教育改革和发展规划纲要（2010－2020年）》颁布之后，高中教育的发展，特别是高中发展的多样化、特色化这一目标对学校提出了新的挑战，同时也迎来了新的发展机遇。高中发展的多样化不是简单的办学模式的多样化，而是教学内容、学习方式和评价方式的多样化。高中发展的多样化体现在承认学生的差异发展和个性发展，力求功利价值和超功利价值、物质价值和精神价值、个人价值和群体价值得到统一。学校将在全面审视学校文化的基础上，寻找学校文化新的生长点，建立融合“规范与灵活、科学与人本”的管理文化；营造融合“师德与教风、严谨与进取”的教师文化；打造融合“自主与合作、和谐与个性”的学生文化。学校将继续坚持“在传承中创新，在创新中发展”，为培养具有全面素养、健全人格和创新精神的一代新人而不断开拓创新。

弘扬语文教学传统的力作

——喜读陈军校长论著《语文教学时习论》

《论语》开篇第一句“学而时习之，不亦说乎”，几乎是读书人都耳熟能详的名言。近来读到陈军的新著《语文教学时习论》，他振聋发聩地指出，这句话是整部《论语》的“眼”，也是语文教学传统的“眼”，内涵深刻，闪耀着学习论、教学论的思想光辉。

陈军对《论语》中的教学智慧做了剀切的剖析。他从清人王国维的为学“三境界”与孔子的为学“三境界”的比较中明确指出，孔子的“知之者不如好之者，好之者不如乐之者”，要比王国维的为学“三境界”更具有教学论的科学意义：相对于“知”，“好”与“乐”是主动的、自觉的；相对于“好”，“乐”是生命本体的需要，是求知之后，旧“我”变为新“我”，进入到人生的最高境界。《论语·述而》：“默而识之，学而不厌，诲人不倦，何有于我哉?”孔子曾这样袒露自己的人生追求，我们应怎样理解？陈军提醒读者：“诲人不倦不一定专指为师者的职责，也指为学者的学习之举。”他引用元人胡炳文的话：“学贵自得，故默识。得而不以为得，故学不厌。自得又欲人共得，故诲不倦。”由孔子的话提炼出的“三得”，既有个人为学，也讲群体共学。特别是这个“共得”，孔子是一贯追求的，也一直反对“独学而无友”而提倡“如切如磋，如琢如磨”的学习境界。

陈军从《论语》中探寻学者的“三境界”，进而直奔中国传统教学论的核心：“不愤不启，不悱不发，举一隅而不以三隅反，则不复也。”孔子对学生是充满希望的，从不言放弃。“不复”是指不在“举一反三”这个层面上重复，而是回到“愤”“悱”这一层面启而发之，促进和消解阻碍“举一反三”的种种不利因素，架梯搭桥，垫上基石，使学生顺利进入“举一反三”的境界。孔子追求教学之“和”，就是“中节”，就是符合规律。这规律至少有三条，一是身心发展的规律，二是时代发展的规律，三是知识发展的规律。这三者协调起来，教学效率自然就高了。

《语文教学时习论》对《论语》中语文教学智慧的阐发已经为当今语文教学界做出开拓性的贡献。2004 年春天，陈军的论文《中国语文教学论的古典阳光》在《上海教师》发表后，反响强烈，被几位著名语文专家一致推选为一等奖。现在该文内容收到论著里重读，已深深地感觉到那束“古典阳光”照亮全书。他对现代语文教学思想的肇端、转折、发展和结晶的历史考量，既尊重历史事实，又客观辩证。特别是评价叶圣陶在语文教育课程编制中的贡献：“一言以蔽之，就是以新教育理念为指导，以经典白话文为凭借，比较科学地组建了语文教学的课程体系。直到今天，这一课程体系还是我们进行课改的坚实基石。”陈军一直在语文课堂里打磨，诚如他在《灯光赋》中所言，“唯独磨炼的岁月，刻下的精神印迹，精神印迹上萌发的新绿，则是我无法忘却的”。我清晰地记得是在 1986 年暑假河南郑州《中学生阅读》的作者会议上认识陈军的，那时他还是 20 多岁的小伙子，谈锋正健。1996 年他从安徽到上海，在市北中学师从方仁工，后担任闸北区教育学院教研室主任、教育学院副院长和全国中语会副理事长，白天公务繁杂，晚上则伏在灯光下读书写作，神游于语文教学的八荒之外。在我案头放着“长江诗话”的语文拓展型教材，这是陈军深入基层学校耕耘的明证。他告诉我，长江是一条培养民族文化精神的母亲河。诗话的“诗”，以学生小学、初中学过的古诗为主，兼及古文或文质兼美的现代文以组成单元，作为拓展中的“起点”。学，离不开重点内容；思，凭借若干专题，通过研讨促进思维发展；适度引进优秀民族文化精品，注重文化的拓展。他从“三峡”顺流而下，选取了几个文化重镇或地域组成单元：诗城（白帝城）、诗楼（岳阳楼）、诗湖（洞庭湖、西湖）、诗山（庐山）、诗都（南京）、诗渡（瓜洲渡），还有“诗情”

“诗理”为专题的单元。陈军没有按讲座形式上课，也没有按课题辅导专于写，而将精力放在每个单元的“研讨”，切口都比较小，让所有学生都够得着。

我们从陈军这一语文教学实践的轨迹里，一方面可以看出他力图弘扬中国语文教学传统的智慧，“温故而知新”，在温习旧知中激活新的认识元素而有创新理解；另一方面，他又能与时俱进，凭借他二十多年厚重的点拨教学经验闪烁出思索的锋芒。“点拨”与“时习”在机理上是一致的：在时代精神、身心发展以及动态变化的教学时机下引导、点拨，才能使学生举一反三、闻一知十，促使学生身心健康和人格发展。

在目前“一课一练”式的习题海洋里，读到《语文教学的时习论》这样的语文教学论著，喜上心头，愿意看到陈军更多的研究成果。

唐盛昌的“慧眼”

他，从一名数学教师成长为一名好校长，五十一年一直扎根于上海基础教育实践的沃土；他，用教育家办学的高度、前瞻和睿智，担任上海中学校长二十四年，引领上海中学在上海乃至中国基础教育领域发出耀眼的光芒；他，在全国率先实现公办学校办国际教育，让中国人自主管理的国际教育品牌引领全国，并在国际基础教育领域不断发出中国的声音；他，在全国率先吹响了“中国也应建世界一流中学”的号角，在坚持中国特色与融合国际经验上走出了一条创新人才早期培育的新路；他，敢为人先地推进了现代数字化创新实验室、学校课程图谱的构建等多项教育改革，在上海乃至全国发挥了示范、辐射作用；他，形成了资优生教育特色、激励优化高效的现代学校管理、直面数字化挑战的中学教育变革、构建世界一流中国名校等诸多教育思想，推进了上海基础教育在全国的率先发展。

他就是2013年3月刚刚卸任的上海中学校长、年逾70岁的上海市首届教育功臣——唐盛昌校长。2013年5月29日，由上海市中小学幼儿教师奖励基金会、上海市教育学会主办，上海中学及上海市教育学会高中教育管理委员会承办的“高度·前瞻·卓越——唐盛昌校长从教五十一周年教育思想与实践研讨会”在上海市上海中学举行。唐盛昌校长1962年毕业于上海师范大学数学系，1962年8月至1984年8月，历任上海市陕北中学（现更名为上海市晋元高级中学）数学教师、数学教研组组长。1984年8月至1988年7月，任上海市曹杨二中副校长。1988年7月至1989年1月，任上海市曹杨二中校长。1989年1月至2013年

3 月任上海市上海中学校长。2012 年 3 月至今任上海市基础教育国际课程比较研究所所长。他五十一年扎根于教育实践的沃土，用前瞻的视野，追求卓越的气魄，达到了一个又一个教育新高度。

研讨会上首先播放了名为《高度 · 前瞻 · 卓越》的纪录短片，然后由上海中学现任校长冯志刚先生介绍老校长唐盛昌在教育实践中形成的五大方面的教育思想与实践高度。冯志刚校长指出，唐盛昌校长不仅在资优生教育、自主办国际教育、教育信息化、创新人才早期培育、现代学校管理等方面形成了丰富的教育思想，而且还在担任上海中学校长的二十四年里，引领上海中学达到了国内领先、国际一流的高度，发挥了示范辐射作用。在唐盛昌校长的引领下，上海中学在上海市率先开展“高中生创新素养培育实验项目”（2008 年），并成为国家教育体制改革项目“探索建立拔尖创新人才培养基地”试点学校之一。从 1990 年在上海市率先开办培育数学强潜能学生的数学班，到 2008 年在全国首设的科技班、2012 年在全国首设的工程班，上海中学的高考成绩连续十多年保持上海市总分第一。学生重点大学达线率超过 99%，90% 进入“211 工程”与“985 工程”高校，80% 的学生进入国内排名前十名的大学。2008 年起连续五年有学生获世界奥数金牌，学生在世界数学奥林匹克竞赛中累计获金牌 7 枚。学生连续七次代表中国中学生参加中学生世乒赛并获得金牌 34 枚。同时，上海中学国际部经历了从无到有、从大到强，从创办时的 18 人发展到现在的近 3000 名在读学生（来自 60 多个国家与地区），是全国唯一一所能在校内考 IB、AP、PSAT、SAT、TOEFL、GRE 的高中，且学生的 IB、AP 成绩达到全球领先水平。2012 届国际部毕业生申请美国大学的，有 5% 的学生进入哈佛大学等美国排名前 5 位的大学，有 25% 以上的学生进入美国排名前 25 位的大学，有 75% 以上的同学进入美国排名前 50 位的大学，缔造了一个中国人自主办国际教育的“超级航母”。

在引领上海中学的发展走向一个又一个高度的同时，唐盛昌校长又将教育改革经验、管理举措在办学基地中成功复制、延伸，拓展了优质教育资源的辐射范围。五十一年的一线教育历程，验证了唐盛昌校长的一系列思考与举措，在他的影响下，一代代名校长成长起来。作为一名不仅具有实践智慧更有学者风范的校长，他的学术研究在基础教育研究领域具有重要价值。

高度、前瞻、卓越——这是对唐盛昌校长教育思想与实践的最精准的诠释，他用教育家的办学睿智，引领上海中学成为上海市乃至国内基础教育翘楚的同时，也开启中国教育走向世界的大门，在国际基础教育领域里不断发出中国教育的声音，赢得了国际同行的尊重与赞许。他提炼并形成资优生教育特色，探索出一条以促进学生志趣能力为导向，以促进学生个性化知识构成为基本载体，以基于一定领域的探究性学习作为培育学生创新思维与创新人格的主要途径，以数字技术与专门领域的整合为当代学生创新的重要激活方式，以与高校、科研院所等进行实质性合作为优秀创新人才培育新路。他自主办高质量的国际教育，撰写了新世纪第一套从实践角度解读国际课程的丛书。他率先推进学校教育信息化建设，引领上海中学在全市中学里率先引入无线网、物联网、桌面云系统，率先建成了基于统一数据平台的信息化校园管理系统，在全国率先建构系统化的现代数字化实验室。他注重优化学校的领导与管理，使得上海中学的办学经验在“初中办学基地”成功复制，基地校的上海市民办华育中学（1998 年）、上海市民办上宝中学（2002 年）、上海市民办张江集团学校（2006 年）在上海市中考成绩中名列前茅。上海中学东校区作为上中支援临港新城建设的公办学校，在教育质量上已经显露锋芒。

唐盛昌校长的教育思想是上海市基础教育的宝贵财富，如今，唐校长退休后继续担任上海市基础教育国际课程比较研究所所长，并继续履职于国家基础教育课程教材改革专家咨询委员会、国家教育考试指导委员会专家工作组等机构，为上海乃至中国基础教育继续做出非凡的努力与奉献。我们从唐盛昌主编的《史品》一书中感受到唐校长重视溯源探究的思维触角。他追溯到龙门书院这一上海中学的源头，深入阐发学校自龙门书院时期就形成的以“忧国忧民”为主线的优良传统，凸显“储人才，备国家之用”的特色，并很自然地与当下课程改革的创新项目紧密结合，这确实是唐盛昌的“慧眼”。

引导学生在研究中成长

——记上海市第二届教育功臣仇忠海

仇忠海校长自 1994 年起担任七宝中学校长，已二十余年。他是特级校长、特级教师，在教育部中学校长培训中心兼任教授，是“长三角”、上海市和闵行区名校长后备人选培训基地主持人，曾获“全国优秀教育工作者”“上海市劳动模范”“上海市教育功臣”等荣誉称号，享受国务院特殊津贴。

他曾经出版《全面发展，人文见长》等专著 4 部，主编教育书籍近 30 部，发表教育论文 60 多篇。近几年，七宝中学的学生考入国内外研究型大学的人数越来越多。

七宝中学从 20 世纪末就开始重视“适宜于研究”的生态环境的营造：从研究性学习进课堂到融合三类课程、贯通三个年级的“学生创新素养培育”的金字塔形课程结构的完善，从古生物、地球科学博物馆的建设到与科研院所和高校联建的设施先进的创新实验室，从校内指导团队的培养到“博士志愿团”“教授兼职导师团”的组建，从学生科学研究院的数理、生化、综合创新平台及人文书院的创意写作、演讲辩论、博雅阅读、领导力培养平台的搭建到共享科研院所、高校高端实验室的优质资源，学校为同学们今天在研究中学习成长打下了非常好的软硬件基础。

“海哥被评为‘上海市教育功臣’了!”被同学们亲切地称为“海哥”的正是仇忠海校长。如果从 1984 年他担任上海农村的一所薄弱初中校长算起，他已三次将多所不同类型的学校带出了低谷，期间他曾有多次理想的发展机会，但却坚持选择了中学校长的岗位。

仇忠海常说，个人的力量虽然微薄，但教育的力量却是无限的。身兼校长和校党委书记的仇忠海，尽管拥有特级校长、特级教师等很多光环，但他却十分乐意接受学生们赠给他的昵称“海哥”。

校长和学生的亲密无间，在学校一个接一个的节日中表现得尤为明显。由仇忠海倡议在每年3月份举行的“狂欢节”就是要给学生营造一种“师生就是伙伴，校长也是朋友”的氛围；5月份的“感恩节”，他要求学生以祖国、学校、家庭、社会及大自然为感恩对象。仇校长倡导的是师生情感交融的“零距离”。

1994年9月，仇忠海离开了闵行区友爱实验中学校长岗位，到七宝中学履新。上任第一天，他就收到了5份教师请调报告。当时的七宝中学正处在发展低谷，教育质量滑坡，人心涣散，学生不愿戴校徽。几年后，七宝中学再度崛起，成为上海市重点中学的品牌学校之一。

如今，仇忠海会很自信地说：“如果以相同的分数考入同一所大学，那么我们的学生一定比别人更优秀。”作为一校之长，他始终思考着究竟要把学校引到哪里去？是只抓教学，靠加重教师负担和牺牲学生身心健康提高考试分数，还是着眼于学生的一生发展和学校的可持续进步？

“创建一流的学校究竟靠什么？其实有一个热爱教育、勤奋工作的校长只是基础，有一套行之有效的制度固然也很重要，但学校的长远发展与超越，更需要有文化的积淀与支撑。一个好学校必须具备自己独特的办学理念，必须建立自己的学校文化。”仇校长把七宝中学的校园文化诠释为“全面发展，人文见长”八个字。

作为一所现代化寄宿制学校，除了办公楼，其余的教学楼、实验楼、体育馆、宿舍楼、食堂等地方，竟然不聘一名勤杂工，所有的日常保洁工作都是由学生动手完成的。“当仇校长倡导加强学生劳动教育时，竟接连受到多位家长举报和指责，认为学校是让学生不务正业。但学生们通过劳动，提高了责任心，培养了动手能力，家长们就逐渐转变了观念，并给予积极支持。”校长助理、学工部主任唐宗�说，仇校长常常告诫教师：“能让学生做的，就尽量让学生去做。”

与校长室门对门的，是“学生校长助理”的办公室，凡是学校行政议论学生发展的大事情，包括对学生的奖励与纪律处分，也都会听取“学生自律委员会”的意见。

在仇忠海的眼中，办学的境界只有“更好”没有“最好”，无论是对老师还是对学生，他所要求的就是一个准则——“我们可以做得更好！”而对自己的校长工作，他则把它定位在“让每位师生更优秀”。仇校长说，“最好”只是一时的标志，“更好”才是永恒的追求，“这个更好，对学生来说，就是要让每个七宝中学毕业生都能有成功的感受；对教师来说，则是不断创造充满生命激情的课堂教学艺术”。

励精图治　熔铸“智慧金山”

金山区教育学会高中教育专业委员会召开年会，金山教育局局长徐虹邀请王志刚校长、诸辛畊秘书长参加会议。他们坚持以“办好让金山人民满意的教育”为目标，励精图治，积极探索现代教育理论，切实提高本区高中教育水平，提高办学质量，交出了满意的答卷。上海师大二附中、张堰中学、华东师大三附中，特别是会长汤健校长领导的金山中学，教育教学成绩令人刮目相看，于是，有了我与汤校长“针对校情实际，努力创出办学特色”的访谈。

笔者：金山中学针对农村宗教低龄化现象，探索宗教文化教育，很有特点，请做一下介绍。

汤健：近年来，市郊农村宗教活动基本达到普及化和低龄化，我们曾在校园中做过调查，绝大多数学生都随父母或亲戚参与过宗教、迷信活动。不少学生认为宗教和迷信不可不信也不可全信。一小部分学生相信宗教的力量。处于青春期的高中学生自我意识逐步独立，开始自我设计，但又容易流于空想、不切实际；一旦遭受挫折，就会转向迷信寻求心理平衡，或由于好奇而产生对迷信的兴趣，更容易受农村中浓厚的迷信氛围的影响。

鉴于上述现状，我校政治组老师利用空闲时间走访了部分农户和宗教场所，查找大量资料，通过政治课、课外讲座、研究性课程等多种渠道，对学生进行无神论教育。他们将有关资料编写成拓展型课程的校本教材《解读宗教文化》，达到借宗教文化教育对学生进行无神论教育的目的。在实践的基础上，申报了区级课题“借助宗教文化研究对学生进行无神论教育的探索”，通过一系列行之有效的宗教文化特色教育，使学生分清宗教与迷信的区别、宗教与科学的区别、宗教与邪教的区别。通过每一位学生，将无神论思想扩展到自己的家庭，再辐射到社区，使学生成为新文化的宣传者。

笔者：你们针对农村孩子不善表达自我封闭的心理，还组织学生开展辩论赛，效果如何？

汤健：为了让学生更关注社会、关注国内与国际大事，走出封闭狭隘的视角，学会正确的价值判断，锻炼学生思辨能力和口头表达能力，学校打造了“金中杯”辩论赛和“思哲杯”演讲赛两大名牌栏目。“人生的价值在于奉献还是索取”“当今社会需要不需要发扬艰苦奋斗精神”“中国入世利大于弊还是弊大于利”……辩论赛和演讲赛两大赛事，吸引了全体学生的关注，高二（3）班蒋鑫同学在《让我们共同倾听：飞的理由》一文中写道：“‘辩论’这一体现学生综合能力的形式走近了学生，促使学生更加仔细地观察生活，洞察社会，关注焦点，积累生活点滴。学生又有了一个重要的展示能力的舞台，使紧张的学生生活更添精彩。腾飞的一代人，在五彩斑斓的天空下，闪着希望的光，发自内心，我们更有了飞的理由。”

我校学生以《关爱老人是志愿者永恒的主题》的演讲，登上原本由市重点中学垄断的上海市图书馆“中学生世纪讲坛”，透彻的理论阐述、丰富的调查访谈资料、亲身的实践体会相结合的主题演讲，得到与会专家的点名表扬，展示了我校学生的亮丽风采。之后，我校学生还先后两年获得上海市“我与国防”主题汇报演讲比赛特等奖，“动感地带杯”上海市中学生社团文艺节主持人大赛第五名等。

笔者：你们针对农村家庭教育薄弱，开展创建学习型家庭活动，一定积累不少经验吧？

汤健：父母是孩子的第一任老师，家庭教育对于学生的成长起到越来越重要的作用。在农村中，父母的教养意识普遍很薄弱，认为孩子有吃有穿便已尽责，自己空闲则热衷麻将。还有不少家庭，由于父母外出打工或在乡办厂超时工作，父母基本放弃对孩子的教育，隔代教养情况非常普遍。

面对现状，我们在学校中开展“学习型家庭”的创建活动。从2001年起，已举办了4期，参与家庭约1600户。活动中学校组织家长学习现代家庭教育理念，为家长开设“今天如何做家长”的系列讲座；制订“学习型家庭”的硬软件基本要求；组织部分家庭进行学习、交流，使家庭间相互启发、相互指导；开展“家庭英语会话比赛”“儿女有话要说”“我们是朋友”等活动；进行“我和孩子共成长”的专题研讨活动，每年收到论文近千篇，“创学习型家庭”的研讨会在全区做了展示，得到市、区领导的高度评价；抓典型案例的宣传，做好家庭教育的个案指导，2003年编印了《成长的经历》；每年表彰校级“学习型家庭”，共计174户。有2户家庭被评为市级“学习型家庭”，有3户家庭参加区、市级家庭教育演讲比赛并获了奖。为此，我校被评为上海市推进学习型家庭优秀基地学校，区创学习型家庭优秀组织奖。

为了使更多的家长了解高中学生的心理特点，学习现代家庭教育理论，我们集几年的家庭教育经验，编写了《放飞明天的希望——高中生家庭教育指南》，由新疆人民出版社正式出版。它由读懂你的孩子、家庭教育诊所、给家长的建议、成功家庭教育启示录等组成，成为我校家庭教育工作中又一亮丽的特色。今年，学校又被光荣地评为“上海市优秀家长学校”。

“模拟家庭”还是我校特色德育项目，被市教委德育处收录到《上海市中小学德育特色》一书，它一改独生子女以自我为中心的思维习惯，增强了学生的社会责任感。在长期志愿者敬老服务中，我们感到现代的独居老人最欠缺和最需要的不是经济和生活上的帮助，而是精神上的慰藉，有人聊天、有份牵挂是孤独的老人最需要的，为此，我们和广福街居委会联合进行了以“模拟家庭”为特色的志愿者服务，老人和学生均自愿参加。6位学生和一位老人模拟祖孙，建立模拟家庭，街道为他们颁发了模拟户口本，学校为他们拍了“全家福”照片。

学生每星期去老人处一次，活动的内容由原来单纯的打扫卫生扩展到与老人谈心、拉家常、读报讲新闻、搀着老人逛街，陪他们看广场文艺演出，参加学校、班级中开展的文艺演出或游园活动等。学生们努力营造家庭的氛围，使老人们真正感到家庭的温暖以及浓浓的祖孙情，涌现了许多温暖感人的故事。例如，学生们为患严重白内障的老人上下奔波，联系免费手术；推三轮车走几公里路，送思儿心切的老人看望她的儿子；送突患急病无人照料的老人住院看病……

学生们的举动也触动了一些独居老人的子女的心，他们感到自己平时对老人关心不够，应向学生们学习。“模拟家庭”的受益者不仅仅是老人，更重要的是学生们不仅认识到家庭中赡养老人是小辈的义务，而且还体会到自己在社会中的价值和奉献的内涵。同学们自己动手汇编了《青春辉映夕阳红》，向他们的同龄人宣传并交流“关爱老人是我们的职责”。

《新闻晚报》《上海教育》《思想、理论、教育》《教育发展研究》《上海家庭教育时报》及金山电视台等多家媒体相继对我校的“模拟家庭”社会实践做了报道。2004 年暑期，上海市教委德育处将我校作为上海市唯一的候选单位，推荐为全国敬老爱老护老先进单位。全国精神文明办公室也将我校的“模拟家庭进社区”案例，作为精神文明建设优秀案例。

笔者：你们针对农村学生英语学习的弱势，开展英语环境营造法取得了很明显的成绩，请具体谈一下。

汤健：我们学校地处上海远郊，生源 70% 以上来自农村，学生英语水平长期落后于市区学生。在分析原因后，我们发现农村学生学习英语的环境和市区学生比相差很多。虽说，英语环境并不直接影响中学生的英语学习成绩，但是它能通过影响学生知识结构和认知组块的形成来影响学生的学习动机、兴趣，从而影响学生的学习成绩，影响其英语能力的形成。

我们提出了英语环境营造法，即运用学校资源，在校园营造教学物质环境、人文环境、媒体环境、课堂教学环境等因素的综合方法。

营造教学物质环境：用英语版的名人名言和日常用语等布置教学区、生活区，创设随处可见英语的校园物质环境。

营造人文环境：英语角、英语社团、英语演讲、英语课本剧、自编英语小报、请外籍教师上课、与外国同龄人交朋友。

营造媒体环境：开设读《上海市中学生英语报》的专门课，推荐学生选用适合郊区学生英语能力发展的读物，每天中午放英语原版教学片。

营造课堂教学环境：选择《牛津英语》教材、探索英语课堂教学方法的改革、积极实践双语教学等。

英语环境的营造极大地拓宽了我校学生的英语学习途径，提高了学生的语言实践能力，为农家孩子日后走向世界打下扎实的基础。在“上海市推进中学外语教学改革研讨会”上，我校就“外语环境营造法”的探索经验做了主题发言，受到了与会者的好评。2003年，在上海市中学生科普英语竞赛中，我校获得团体三等奖。英语环境营造法也使我校的英语高考成绩走出长期低迷状态，今年高考获得平均124.3分的好成绩。

笔者：你们针对学生学习力的差异，实施分层教学法的研究，效果如何？

汤健：“面向全体、分类指导、分层推进”是我校提出的全新的教学理念。我校近几年的教学实践贯彻了这一原则，收到了良好的效果。“数学分层教学的实践与研究”课题被列为金山区重点教科研课题。数学分层教学有自主性原则、选择性原则、因材施教原则和整体性原则。数学分层教学的内容：学生分层，根据学生学习数学的能力分A、B、C班；教学目标、教学内容、教学方法分层；作业分层；测验和评价分层。数学分层教学的策略：明确教学目标策略、优化教学过程策略、心理疏导策略、学法指导策略。

几年来，我们不断对“数学走班制”进行动态观察，每学期都要召开几次研讨会，探讨在实际中遇到困难的解决方法和策略，使这项教学改革不断得到完善，并达到预期的效果。“数学走班制”的具体形式，在行动研究中不断更新，教学策略不断优化，取得明显的教学效果。2002届高三毕业生是第一届整体实施这项教学改革的学生，三年的实践证明，学生的学习积极性得到了充分的激发，不仅好学生吃得饱，基础较差的学生也得到了提高，高考的数学平均分达到114.99分（不分文理），远远高于同类学校的水平。

在上海市课程教材改革精神的指导下，我校针对学生身体、生理、心理、交往、个性差异，并结合学生的发展性、差异性以及学校体育设施、体育文化底蕴的实际情况，在几年前进行了体育课兴趣选项分组教学的实践和研究，力求寻找符合学生最优化发展的课堂教学的形式。选项分组教学的核心是满足学生的兴趣指向、身心需求，强调措施和目标的对应性即选择特定的教学形式，去达到既定目标，它能最大限度地调动学生的积极性，满足学生的兴趣和身心需求。

所谓兴趣选项分组教学，指以一个学年度或一个基本时空区域，在每周两节体育课上同时开设多项体育科目，每一科目为一个新型的教学小团体，学生可根据自身条件和兴趣爱好，自由选择上课内容，在遵循体育教学基本规律的前提下，不受进度、内容、班级授课等限制，重在提高学生的学习兴趣，充分挖掘学生的学习潜能，强化学生的个性，完成体育课教学目标的一种教学形式。根据学校和学生实际，我校同时开设足球、篮球、田径、排球、艺术体操等课程。

选项分组体育教学大大提高了学生参与体育锻炼的热情，体育竞技的成绩也有所提高。近几年来，我校学生取得金山区首届学生田径运动会高中组团体第一名；金山区中小学乒乓球比赛高中女子组第一名、高中男子组第一名；上海市第八届中小学运动会高中女子乒乓球第八名；金山区中小学高中组男子篮球第二名；金山区中小学足球比赛高中组第一名；上海市第二十届中小学跳踢比赛耐力踢项目高中组第二名；2003 年金山区中小学迎春长跑比赛团体第二名；2003 年金山区中小学广播操比赛一等奖。我校被评为上海市体育工作先进单位、上海市市级体育传统项目学校，金山中学体育组荣获金山区优秀教研组。

笔者：你们还运用中医调理策略，推进“二期课改”的教学机制？

汤健：是的。“二期课改”是当前上海教育改革的一个重要抓手，“二期课改”新理念的核心是关注人的发展，它对传统的课堂教学提出了挑战。但是，长期形成的传统的课堂教学方式的改变不是一蹴而就的，运用中医调理策略，确实能有效推进“二期课改”教学。

中医调理，对于一些慢性病而言，具有极佳的疗效；运用中医调理策略，对于逐步改变教师的教学行为与学生的学习方式也具有极佳的效果。就我们的教师而言，从他们的学习经历与教学经历看，深受灌输式的传统的课堂教学方式影响，这种影响是根深蒂固的。在他们参与“二期课改”教学改革实践的时候，传统的习惯还会顽强地影响实践的效果，出现了以老教材的教法套新教材的使用，教学中往往把新教材向老教材靠，缺什么补什么，于是出现教学时间的严重短缺，出现了怕学生参与课堂教学活动而影响教学时间，不由自主地又恢复了一言堂、满堂灌的教学方式。

就我们的学生而言，从他们的学习经历看，绝大多数学生习惯于接受式学习，满足于你讲我听，不善于提问，不善于质疑，如果采用讨论式教学，学生们反而觉得不习惯、学不懂。

这种在长期的传统课堂教学方式影响下形成的教与学的习惯，与“二期课改”新理念形成了激烈的碰撞，它是一种“慢性病”，因此，要有效推进“二期课改”的课堂教学，想急功近利下猛药是不行的，只有运用中医调理策略，围绕改革的既定目标，针对课堂教学的病源病根，开出针对师情与生源实际的药方，在坚持不懈的调理中，逐步去除病根，适应新的机体。

习惯的改变是需要时间和意志的。只要我们有着强烈的运用“二期课改”新理念去指导自己的课堂教学实践的意识，有着针对生源实际改变教师一统课堂教学现状的清晰目标，运用好中医调理策略，那么，充满师生情感交融、富有生命活力的课堂教学的春天一定会到来。

浦东教育星空的一颗明珠

——访川沙中学特级校长陈忠新

“文杰杯”第四届上海市名校读书节的排行榜上，500 多位学生在九久读书网上传作品，川沙中学一直高居榜首，吸引无数读书爱好者的眼球。经组委会综合评审，认定颁发“团体组织奖”。

这一结果更引起我采访的愿望。我先拜访市教委评审专家陈儒俊，因为他参与川沙中学实验性示范校规划评审，从学校管理层面，他仔细研究过，发现川沙中学管理文化中既有前任校长的优秀传统，也有现任校长在原有校长管理经验基础上的发展。在德育、阳光体育工程和教学改革等方面，进行了富有成效的理论创新和实践探索，形成了自己鲜明的个性特色。

2006 年 3 月，以川沙中学校长陈忠新为组长的《中学生自主发展的研究》课题被列为浦东新区重点推进项目。经全校师生同心协力，陈忠新校长带领大家认真学习现代教育理论，特别是有关自主发展的学习资料，关注学生、聚焦课堂，不断优化教育手段和教学方法。老师们在学习中研究，在研究中实践，在实践后反思。该课题现在已经结题，《自主发展　提升内涵》一书也已公开出版，我也阅读了重点篇章，收获很多。

走进川沙中学，首先采访负责“文杰杯”读书活动的语文教研组长滕妹芳老师。我首先感谢她认真组织这次“文杰杯”活动，并请她介绍组织这次读书活动的经验。她告诉我，2009 年暑假前，陈忠新校长找她商量读书征文的事情，决定充分利用暑假让全校学生都参加。于是，先制订了读书活动方案，并发给每个学生，当作暑假作业检查。

这时，我心里释然了，川沙中学征文数量之所以在排行榜上高居榜首，领导重视，普遍发动，这是很重要的经验，比起有些学校的领导，因为“忙”而将学生读书征文搁置一旁，是不一样的。

走进川沙中学采访的第二个对象才是校长陈忠新。我们的话题是从读书开始的。他告诉我，他是1982年大学毕业走进川沙中学的，从当英语教师开始，现在当校长兼总支书记。学生读书习惯没有养成，发展是有限的。当然，学生读书习惯要由老师去引导。他从目前教师订书报谈起，看了今年老师订书报单子，很多老师从专业发展的角度订报纸刊物，学校也加大投入，鼓励老师多读书，提倡业余时间的高雅娱乐。一般人都能做的，我们老师就不一定要做，比如打麻将。

笔者从报刊上看到陈忠新与学生一起打篮球的照片。他告诉我，2009年学校秋季运动会结束不久。两天的运动会裁判大部分由学生担任，教师只是组织、指导，已经走进大学的学长学姐也来关注，这是川沙中学“阳光体育”的独特风景线。这师生之间的交流、师生同场活动，其人文价值是不可估量的。

学生之间交流的价值也不可估量，笔者从一份学生采访笔记中找到一些答案。一位刚走进高三的学妹采访自主招生走进重点大学的章雅芸学姐：“高三毕业，面对高考压力，如何调整心态?”章雅芸答：“保持适当的紧张感，让压力转化为动力，不断暗示自己一定能做到。学习的关键在于肯“钻”，善于独立思考，善于依靠老师和同学的力量，不能空等。”这位学妹开心地说：“少了份担心，多了份信心，相信我定会交出一份满意的答卷。”

在校史展览室，陈忠新校长陪我观看一份份珍贵的历史记录，他饱含深情地说：“从学校发展的记录里，我读懂了珍惜、继承，也增添了一份责任！浦东开发的历史任务，要培养无数负有时代重任的自主发展学生，这本大书很厚很重……”

让每个学生都受到最好的教育

交华中学是2001年由大华（集团）公司与交大附中合作创办的一所寄宿制民办初级中学。学校位于上海现代化的大华小区中心，占地面积28亩，建筑面积近2万平方米。环境优美，设施先进，校内建有教学中心、艺术中心、体育中心和图书信息中心，为学生的全面发展提供了广阔的天地。

大华地区是人口密集的居民区，相当数量的中高薪阶层人士落户大华，这也对大华的教育配置提出了高要求。因此，交华中学要办成一所一流的学校，既要拥有最基本的教育教学设施，又要有一流的师资、一流的质量。在此基础上学校所设定的总体定位是办特色、创品牌、建一流学校；指导思想是以特色求生存，以质量促发展；办学理念是让每个学生都受到最好的教育，让每个学生都能获得成功的喜悦。

交华中学校长赵凤飞，1977年12月走上宜川中学校长岗位，拨乱反正、锐意进取，使一所普通中学脱颖而出跃为区重点中学，实现“三级跳”。1989年任市重点学校曹杨二中校长，全心投入一期课程改革试验，积累了丰富的课改经验。1994年受命任晋元中学校长，重振晋元雄风；在世纪之交创建实验性示范高中规划评审中，晋元高级中学选择全新的教育理念夺人眼球，专家们交口赞誉。从此，赵凤飞校长办学思想引人注目。

有人说他是一位教学专家，因为他是特级教师；有人说他是一位教育管理专家，因为他是特级校长；有人说他是一位学者，因为他著书立说；有人说他是一位长者，因为他修炼人格，引领教师，深爱学生；有人说他是一位好校长，因为他带出一所又一所好学校。

赵凤飞，四十多年校长经历，凝聚着无穷的办学智慧；他的一生都在开拓进取，是一位追求和谐校园建设的好校长！

在新一任校长的教学理念指导下，学校的整体建设得到了发展和提升。学校组建了一支师德高尚、业务精良、乐于为学生服务的高素质的教师队伍。由众多上海市著名特级教师组成的专家组，全面指导学校的教育教学工作。学校管理层领导全体教师，紧扣教学大纲和教学要求，从教学过程监督到教学效果各个环节都严格把关，严格控制教学质量。结合学生的实际情况和需求，采用不同的教学模式和教育方法，体现处处“以学生为中心”的理念，坚持以学生发展为本，坚持“小班化”教育，坚持“个别化教育”的研究和实践。通过拓展课、微型课、兴趣课、示范课的开设，为学生提供了一个宽阔的学习平台。同时每个学期都进行家长和学生的问卷调查和座谈会，了解各方面对学校各项工作的意见和建议，全面衡量、评估、调整教学过程。

校方同时着力于调动职工的工作积极性，全面加强师资队伍建设，提高教师的整体教育教学水平，通过全体教职员工的齐心协力、共同努力，学校办学特色得到了鲜明的凸现，在教育、教学、后勤总务、教科研等各个方面都扎扎实实地抓出了成绩，受到了社会、教育行政部门和广大家长的一致好评。

2008 年新学年开始，交华中学呈现出一派欣欣向荣的景象。两年来，交华中学个别化教育对学校教学、教育质量和校风建设等方面产生的作用和影响是有目共睹的：学校已形成了积极、健康、团结的校风和有序、拼搏、进取、向上的学风。预备、初一、初二年级在全区的质量监控考试中均取得优秀成绩，其中初一年级的考试合格率达到 100%；初三年级在区里的质量考试中，用两年时间完成了质的飞跃，在中考中一炮打响，各科总分均名列前茅，升学率 100%，其中考入市、区重点及实验班、重点班的学生数达 60%，为建校以来最高；家长们纷纷来信，肯定了交华个别化教育使自己孩子发生的变化。一位家长兴奋地说：“现在的交华，真正成为了孩子成长的乐园！”丰富多彩的国际交流月、感恩行动月、民族精神教育月、阳光体育月、校园文化月等校园主题活动，加上与之相关的各种答辩会、赛诗会、影评、专栏设计、调查报告、参观活动、社区公益活动、校园电视台播报、大型迎新晚会等活动的开展，为学生搭建了各色舞台来施展才华、发挥才干，让学生的课余生活和交华校园变得活泼而生动。学校正式挂牌成为美国弗吉尼亚大学的实习基地，由美国老师来华支持举办暑期英语夏令营，在整个地区产生了极大反响，受到家长和学生的一致好评；交华中学管乐队，成为校园中一道亮丽的风景。在学校的精心培养下，交华学子纷纷在市、区各项活动和比赛中获奖夺冠，由初一学生自编自导的主题班会在宝山区主题班会评比中获得一等奖，充分显示了学生的活动能力；学校的少先队大队部被评为宝山区红旗大队。宝山区教育局还在交华中学召开了“两纲教育”现场会，向全区介绍交华的教育经验和成果。为了更好地让家长了解学校及其发展，学校每学期开设家长开放日活动，让家长们亲眼看到孩子在学校的快乐生活和受到的优质教育。

学校最明显的就是招生数的变化：2007 年的预备新生竟是 2006 年的 3 倍！而 2008 年的数量已达到了建校以来之最，还有相当数量的插班生不断前来参加转学考试。这充分说明学校的办学质量得到了家长、学生和社会的肯定，学校的声誉在节节攀高。

上音实验附中特色发展赢得一片掌声

2010年9月21日下午，在新落成的上海市普陀区图书馆剧场举行了普陀区各界人士“迎中秋、庆国庆”活动。上海音乐学院（文中简称“上音”）实验附中“和乐团”登台演出，琴声袅袅，丝竹声声，一个多小时的精彩节目，赢得一片掌声，嘉宾们盛赞音乐特色教育为建设和谐普陀谱写了一曲华彩乐章。

演出开始，云南风情的视频和富有感染力的朗诵将人引入那个唯美神秘的佤族天地；悠扬的笛声、淳厚的古筝搭配上打击乐的强劲节奏，犹如一股清澈的溪水滴进心田；当《想你》的甜美歌声响起，乐曲似乎带领大家来到一位羞涩美丽的少女面前，感受到她的心灵悸动；而四十年前就红遍大江南北的《阿佤人民唱新歌》更拉近了演员与现场嘉宾之间的距离。当乐曲演出结束时，“和乐团”的指挥周强引领演员答谢观众的赞许掌声。这片掌声是为学校一年一度的学生音乐采风课程而响起，也为学校特色教育添上了一抹亮丽色彩。

《游击队之歌》是上海音乐学院首任院长贺绿汀创作的，老教育家贺绿汀为抗日将士谱写的这首乐曲是铸造民族脊梁的经典。学校依托上海音乐学院的师资力量，开设了钢琴、小提琴、中提琴、大提琴、双排键、吉他、萨克斯、古筝、琵琶、笛子、声乐等音乐专业课程。演奏贺绿汀的经典之作，不只是训练乐器演奏技巧，更要进行人格修炼。“音乐航班”的课程实施是学校的一项创举，每月第二周的周二定期起航。表演者不仅对曲子要做一些介绍，还要看演出能否感动听众。因此，音乐航班不仅仅是检验学生专业水平的平台，更锻炼了学生的演奏水平，提升了学生人格修炼的品位。学生李家恒等的单簧管《游击队之歌》演奏完毕，剧场里响起了一片掌声就是明证。

弦乐重奏《四小天鹅》这个节目展现的是上音实验附中音乐教育特色的追求。芭蕾舞，是艺术皇冠上的明珠，其训练难度可想而知，但是要让学生过有音乐的教育生活，让校园有教育的音乐旋律，让音乐的旋律在学校“跳跃”，不仅是艺术的脉动，更是教育的律动。天鹅舞的旋律，与弦乐的“和谐”重奏，这种课程的“匹配”，不只是技巧上必须娴熟，更要求艺术与人生境界的综合演练，要从音乐生活上升为生活音乐。总之，爱音乐是综合素质融合的表现。

上音实验附中的学校精神是“和”，校训是“和乐和美”，办学目标是“特色+质量”，因而，学校提出“爱音乐，爱智慧”的办学理念。这个理念根植在悠久的办学历史的肥沃土壤里……主讲龙门书院十四年的刘熙载与诸生讲习，终日不倦，“黜华崇实，祛惑存真”，对经世致用的治学理念身体力行，他对胡适的父亲胡传离开龙门书院时感人肺腑的寄语即使在今天，仍然振聋发聩：“为学当求有益于身，为人当求有益于世。在家则有益于家，在乡则有益于乡，在邑则有益于邑，在天下则有益于天下。斯乃为不虚此生，不虚所学。不能如此，即读书毕世、著作等身，则无益也。”上音实验附中秉承办学先贤的智慧，凝聚在“爱音乐，爱智慧”的理念上，有着清晰的办学思路：爱音乐，既体现了学校的办学特色，又凸显了学校与众不同的育人目标。凡是有人类足迹的地方，就有音乐。美妙音符排列组合成无数优美动听的旋律；没有什么比音乐更能直接表达人的内在情感；在人类生活中，也没有什么比音乐更能叩开人的心扉。音乐让孩子的内心永远如泉水般纯净，如火焰般炽热。

可以说，爱音乐，在上音实验附中有着观念上的执着。音乐将成为教育教学的精髓，是一种教育生命的载体。

爱智慧，既体现了学校作为一所普通中学最本质的追求，又体现了学校在打造竞争力上的期待。爱智慧，不仅体现在学好每门学科的具体知识，获得好的成绩，形成智慧的品行；更重要的是，要寻根问底，真诚地追求真理，探求别人从未发现的问题，成就大智慧。

校长纪筱华说："爱音乐，爱智慧"是一个有序的整体。"爱音乐"是一所音乐特色学校无可争辩的、前提性的、特色性的元素；而"爱智慧"则是着力追求的、归宿性的因子。两者相辅相成，实现"让师生过有音乐的教育生活"的诗意追求。

音乐是让学生摆脱庸俗、唤醒思维的催化剂，音乐教育是培养具有广博知识和优雅气质学子的秘密武器。因此，"爱音乐，爱智慧"的办学理念体现了一种使人性臻于完善的教育理想，寄寓了培养身心全面发展的"科学精神与诗情意境两相结合"理想人格的追求。

2003 年 5 月起，上海市普陀区教育局与上海音乐学院合作，在上海音乐学院附属安师实验中学开办了音乐特长生班，面向全市招收一定音乐特长的学生。2008 年，普陀区又将具有沪剧特色教育的东新中学与之合并，新成立"上海音乐学院附属安师实验中学"。这一携手，使上音实验附中音乐特色科学实验迈上质变的新征程。

上音实验附中与上音附中等一些专门艺术学校，尽管都从事音乐教育，但在办学机制、课程设置和未来发展的路径上是有差异的。音乐特长生向全市招生，普通班则通过中考在全区招生，2010 年招收两个"音乐特长班"。学校聘请 30 多位上海音乐学院的专业教师指导学生专业课，同时还有 9 位教师在校任教教授基本乐理、乐理视唱练耳以及钢琴课。学校有琴房 85 间、乐理室 2 间、电子钢琴室 1 间、专业排练室 2 间。

学校提供完整的高中教育，对所有学生一视同仁实施音乐教育，只是不同班的侧重有所不同。学校打造了一系列面向全体学生，致力于达成区别于其他一般学校的音乐素养课程。乐理视唱练耳课程是音乐特长生的专业基础课，中西乐器的专业课也借助上海音乐学院师资力量，实行个别教学。

几年来，学校的音乐教育取得长足进步。在市区各级各类音乐艺术比赛中屡屡获奖：全国少年宫系统文艺汇演金奖、2008 年演艺之星艺术人才推选活动上海赛区钢琴青年组金奖、"和谐中国艺术交流展演"青年 A 组专业金奖、第五届国际音乐艺术大赛决赛（古筝）青年组金奖等。

已毕业的音乐特长生分别考入上海音乐学院、上海戏剧学院、复旦大学、同济大学、中国传媒大学、上海师范大学、东华大学、华东师范大学、上海大学、厦门大学等中国一流的本科艺术院系，其中，每届学生进入上海音乐学院的占三分之一。

校长纪筱华动情地说：“我们既要培养有一技之长的‘音乐人’，也要培养具有音乐修养的‘普通人’；不论培养什么人，他们都应该具有驾驭音乐的能力和充满智慧的人生，以创造幸福的未来。音乐是智慧之花，有品位的音乐教育不仅能唱响音乐的旋律，而且能点燃智慧的火花。”

这场汇报演出显示了上音实验附中音乐特色学校创建的成果。目前，他们的《新型音乐特色学校的“课程匹配”研究》已经通过教育部正式立项成为重点课题，他们将沿着科学发展的方向继续前进。

传递墨宝文化的智慧

——访嘉定二中校友丁福仁

《墨宝瓷林》由上海辞书出版社出版，真令人拍案叫绝！纸张、丝绸原是记载中国五千年文明的珍贵材料，但年代久远，也会风化；现在，运用精致瓷版工艺烧制，将能永久保存仿写的书法作品。此书主编之一丁福仁，就是大功臣！

丁福仁是嘉定二中1965届校友，那年高中毕业前夕，他曾经强烈要求奔赴新疆支边。当时的校长以及老师嘉许这位热血青年："边疆欢迎青年支边，但你是应届毕业生，大学也需要优秀青年，经过高考后再选择，岂不是更好！"临近高考，他抓紧复习，最终考取了上海财经学院。1969年毕业后分配至江西于都县工作。因表现突出，1985年调任江西赣州地区行署，后任江西省人民政府上海办事处主任、党组书记等职务。

我认识丁福仁，还是20世纪末他在普陀区大渡河路经办江西景德镇陶瓷工艺窗口之时，他还是上海市中小学陶瓷艺术教育常务副主任，那天龚学平副书记视察，我还珍藏了自己拍的照片呢。

2009年10月，我去嘉定二中拜访周凤林校长，办公楼前一对高高的瓷瓶吸引了我的眼球，原来是丁福仁敬贺母校的礼品！周校长还让我观看了丁福仁赠给母校的百位帝王瓷雕像！

现在，新落成的大楼里，这些浸透中华文明乳汁的瓷雕像，让全校师生汲取智慧。

2013年2月，我在嘉定二中又看到丁福仁主编的《墨宝瓷林》，一下子，我对丁福仁的敬意涌上心头，晚上在家里给丁福仁发了电子邮件。

很快，丁福仁发来邮件："感谢您对我的关注和关心。我的梦，就是用陶瓷为载体，将中国五千年的文化和历史展示给世人，为了圆这个梦，我已经用了近二十年的努力，《中国一百帝王瓷雕像》和《墨宝瓷林》是圆梦的一部分。我还在努力将中国四大名著《红楼梦》《水浒传》《西游记》《三国演义》雕在瓷板上；《唐诗三百首》一首诗一幅画，用瓷器展示出来。我有一个特点，认准的事会义无反顾坚持做下去。"

嘉定二中校长周凤林在丁福仁校友捐赠中国古代历史人物塑像仪式上发表了以下讲话：

"今天，参加我校65届校友丁福仁先生捐赠中国古代历史人物陶瓷塑像仪式，很激动。几个月前，当我第一次见到这些艺术品时，就让我惊奇。这一百尊有代表性的古代历史人物陶瓷塑像就像一条线，将中国五千年古代漫长的历史穿了起来，当时我就想，如果能够放到我校，发挥其教育作用，不更有价值吗？过了一段时间，礼邦校长传来消息，丁先生已经决定将他的艺术品无偿捐赠给学校，我真是高兴极了。在感激的同时，还对丁先生怀有敬佩之心，敬佩他的大智慧、大手笔和大胸怀。

"**大智慧**。一百尊古代历史人物陶瓷塑像，涵盖了五千年中国古代历史，三皇五帝夏商周，春秋战国秦汉，三国两晋南北朝，隋唐五代十国，宋辽夏金元明清，每个时代都有代表，每一尊塑像刻画得非常细腻，非常有神韵，栩栩如生地表现了一个历史故事。大禹身披蓑衣，讲的就是大禹治水的故事；越王勾践坐在柴火上，仰脸好像在舔苦胆的样子，讲的就是卧薪尝胆的故事；汉朝的开国皇帝刘邦的塑像：一手持宝剑，一手握白蛇，表现的是醉酒斩白蛇的故事；杨广、李渊他俩的耳朵上都带着耳环，这是少数民族的打扮，因为他俩是姨表亲，他们的母亲是亲姐俩，不是汉族人；还有西晋最后一位皇帝晋愍帝投降时赤露左臂，口含玉璧，乘坐羊车，带着棺木，出城往刘汉军营求降，在历史上也是有记载的……这些陶瓷塑像表现的历史故事可以说惟妙惟肖，没有大智慧之人，想不到，也做不到。所以我说，丁福仁先生有大智慧。

“**大手笔**。由想到做，并做成功，做成一流，要经历一个长时间的过程，需要很大的投资。这些塑像请了景德镇 28 位艺术家，在华东师范大学历史系教授的共同参与下，经历了三年时间设计、创作完成，现已经申报国家专利，在全国是独一无二的艺术珍品。能做成一件事难，能创造性地做好一件事更是难上加难，不是大手笔之人做不成大手笔之事，所以我说丁先生是大手笔之人。

“**大胸怀**。为什么丁先生能将这么珍贵、这么有价值的艺术品，无偿捐献给他的母校？这里包含着一种浓浓的母校情怀。我们常讲：关爱他人、关爱社会是善举，情系教育、反哺母校是义举。善举之人心存感激、备受敬重；义举之人德厚流光、流芳百世，丁先生这一行为就是义举。丁先生不计较个人利益得与失，据说一个美国老板出资 200 万元人民币要买他的作品，他都没有卖，却无偿捐赠给学校，这不就是大胸怀之人吗？

“这些陶瓷塑像是艺术品，还是一部深厚的历史典籍。我们一定不辜负校友对母校的深情厚谊，深入挖掘一百位中国古代历史人物所在时代的背后的故事，放进有代表性的实物，比如商代青铜器的仿制品及秦始皇时期的长城模型、兵马俑的仿制品等，建成一个中国古代历史教育馆，图文并茂，实物与模型结合，这是对学生进行中国古代历史教育，进行中华文化教育非常好的素材，很有意义，也很有价值。

“感谢丁福仁先生的母校情怀，感谢他情系教育的拳拳之心。”

无怨无悔　执着追求

赵国章同志是曹杨二中党总支书记。他从事党务工作20多年，先后与6位校长合作共事。他无怨无悔地在教育园地上辛勤耕耘，探索学校党建工作规律和思想政治工作的艺术，论著颇丰、成绩卓著，赢得全市教育界的注目。

重在奠基

暑期夏令营学生去井冈山考察是曹杨二中党建实践活动的有机组成部分。赵国章同志告诉我，做好学生党建工作，是着眼未来、培养跨世纪人才的基础工程，是一项重要的政治投入，从而保证社会主义现代化大业继往开来。从1984年以来，学校就建立了青少年学习马克思主义协会，对于要求入党的青年学生在党章学习小组活动中帮助他们坚定党的信念，在实践中培养考察。发展入党的毕竟是少数，“着眼未来，重在奠基”，赵国章如是说。他还以董雅华为例，这位学生在高中阶段品学兼优，步入复旦大学思想政治教育系更显成熟，很快入党了。大学毕业后留校，现在已是党委委员，独当一面了。

高中学生党建工作是一门科学，在播种、选苗、教育、发展和衔接等环节上，赵国章都有研究。普陀区委曾发过一份调研报告，影响很大。

人师 + 学者

“一所学校的稳定和发展，关键是要建设一支高素质、高水平和高度社会责任感的教师队伍，特别是党员和领导班子队伍。”赵国章深有感触地说，“党建工作目标与学校办学目标是一致的，我的责任也在这个地方。”他以特级教师金志浩为例谈了党建工作。金志浩老师大学毕业后就分配到曹杨二中，教学效果好，发表了很多文章。他申请入党，但别人有一种议论：他的本职工作与第二职业有冲突。

他读了金老师的文章，所谓“第二职业”的文章和讲学，在赵国章眼里都是一个教师的业务修养所必备的素质，金老师的课之所以高屋建瓴、势如破竹，赢得学生喝彩，就在于他知识渊博。当时的校长顾树栋连续听金老师讲语文课，以翔实的材料写了两万字的研究论文，推崇金志浩的课，认为是“立意新颖、锐意进取”的好课。

党政合力，扫去曹杨二中教师心中的阴霾。金志浩老师入了党，后来评为特级教师。赵国章深有体会地说，像金志浩那样学者型的老师不是多，而是少了，曹杨二中的语文学科出现雨后春笋般的“小作者群”现象，绝不是偶然的，与金志浩老师的身体力行和他的影响力有密切关系。“枪打出头鸟”，是压制“飞出射程之外”教师的习惯势力，党的工作者要“阻止”这种“冷枪”，扫除障碍，创造名师脱颖而出的氛围。

“助你成功”的举措是曹杨二中党务工作的特色项目。方芳1988年大学毕业进校当化学教师，她是曹杨二中高中部毕业的，自然处处谨慎，虚心学习。赵国章找她谈心，希望她“确立自己的位置”，90年代的教师，只勤勤恳恳是不够的，要以健全的人格力量和教育智慧赢得学生的敬慕。方芳参加全区青年教师教学大奖赛连续三届获得一等奖，一颗新星在教育领空闪耀。

“助你成功”的魅力吸引着四方有志者，有位教师要从高薪的公司“回流”到教育战线，曹杨二中张开怀抱欢迎她，并在教学上产生了一股冲击力。赵国章欣喜地说这位老师才华横溢，怎能不“抢”过来呢。我们来自五湖四海，为了一个共同目标走到一起来了。如果按照“来校不分先后，爱校就是一家”的要求去做，那么，一流学校的目标也就为期不远了。

三“分”三“合”

赵国章担任曹杨二中党总支书记以来，先后与六位校长共事，他如数家珍地讲起各位校长的特长：林则福校长继承部队优秀工作传统，能调动众人积极性；顾芳三校长擅长学校常规管理；顾树栋校长注重教育理论研究；唐盛昌校长孜孜以求教学研究；赵凤飞校长坚持课程改革，发挥社区教育功能；现任校长王志刚追求“人文见长、文理相通”办学目标使学校品质提升……这六位校长的经验就是一笔财富，尊重他们的特长才会产生协调力、战斗力。赵国章说，尽力保证校长的中心地位，监督不揽权、放手不旁观、到位不越位。坚持三“分”三“合”：职责上分，思想上合；工作上分，目标上合；制度上分，感情上合。

赵国章同志对刘邓大军的党建工作和思想政治工作的范例深有研究，探索学校党建工作科学管理的规律，做到“虚”事“实”做。比如，“七一”党的生日座谈会，教师节庆祝活动和年终表彰活动；在党内开展“我心目中的好党员”活动；同时与行政工会一起开展“十佳教工”“争当名师”“受学生欢迎的青年教师”“后勤服务明星”和“学生在我心、文明是我行”的师德教育评比活动。在各个教育环节，使每个党员和教工找到自己的位置、学习的榜样和前进的目标。

现任校长王志刚动情地说，曹杨二中从一所普通中学跨入上海市重点中学的行列，实现建校历史上的第一次腾飞；目前市区教育部门投资 4 千万元重新建造教学大楼，完善现代化教学设备，为建设全国示范性实验重点高中而奋力拼搏，实现建校历史上第二次腾飞。老赵的生命音符与学校脉搏一起跳动，党政如此协调，水乳交融，保证学校稳定持续发展。

赵国章同志说，要做一个好的党务工作者，关键在于提高自己的非权力性影响力，尤其是品格、才能方面的素质，以人格力量、智慧力量和情感力量去影响人、感染人。他有一个“一日扪心三问”：对自己所从事的党务工作悔不悔？用自己的人格力量去影响人，凝聚人心行不行？以信对人、以诚待人、以情动人、以理服人，团结党员、师生为实现学校的办学目标的能力有没有？

好一个“一日扪心三问”！

赵国章不愿做“假大空”的政工干部，他追求的是做学者型的党务工作者。他是读一流的书、干一流事业的新世纪的党务工作者。他至今还在读华东师范大学硕士课程学习教育管理专业，他近几年参与编写《金融 ABC》一书，并亲自上课。在教育、教学和党建科研成果评比中获奖 30 余次，这难道不是一个学者型的党务工作者吗？

生命在于创新

走进21世纪的中国教育界，有一位年届耄耋的学者以惊人的毅力，在全国选了40多所中、小、幼学校，进行“21世纪中、小、幼教育现代化研究和实验”。他的精神和毅力受到国内外专家的高度评价。他就是中国教育学会顾问、上海市教育学会名誉会长，被联合国教科文组织授予“亚太地区普教专家”称号的我国普教界著名学者吕型伟。

就在2012年7月17日，他走完了94年的人生之路——

1918年，吕型伟诞生在浙江省新昌县大明市镇藕岸村一个普通农民家庭里。吕型伟早年丧父，母亲咬紧牙关把他送到村旁一所私塾读书。吕型伟很争气，不负母亲所望，以优异的成绩考取了浙江新昌中学。为了提高自己的业务水平以满足山村农民对知识的渴求，吕型伟决定继续求学去读师范，毕业后再回山村。1937年，他考上了杭州师范学校公费生。不久杭州沦陷，他又带着干粮跋山涉水四昼夜，来到万山丛中的丽水省立联师，后又考取浙江大学师范学院，孜孜不倦地求学，直到1946年毕业后到上海教书。

为人师表

上海解放后，吕型伟受党指派去接管市东中学，并任校长直到1958年。在他的精心培育下，一批又一批的毕业生从这所具有光荣革命传统的学校走上社会，他们对吕型伟这位德高望重的老教育家充满崇敬之情。

1996年，吕型伟到北京开会。他在北师大专家楼，想看看昔日弟子，于是打电话给在京的一位学生。第二天，应着门铃声打开房门，吕型伟先后看到一百多位过去的学生向吕老师问好。

时隔数十年，吕老师已不能全部叫出这些学生的名字，但当他拿起来访学生写下的名单时，一股暖流涌上心头。当年的幼苗已成材：这百来名在京学生仅是全部学生的一小部分，却有部级干部 2 名，将军 2 名；其他都是工程师、教授、医生……他感到无比欣慰。

对差生，吕型伟同样关怀备至。记得刚接管不久，有个学生表现较差，上课捣蛋，多次触犯校规。不少老师一再提议开除他，以免影响他人。吕型伟认为，开除一个学生，校方只要贴张布告就行，但这个学生的一生就毁了。所以，他坚持不开除，继续循循善诱地对他进行教育，让该生读到高中毕业。五年后的一天，这位学生推开校长室的门说："吕校长，我读高中时惹了不少麻烦，现在已经改好了，入了团，而且从同济大学毕业，即将奔赴边疆，特地来看您，请您放心。"吕型伟为这位学生高兴，也为自己坚持正确的教育思想而庆幸。因此，从校长到教育局处长、副局长，他一再告诫同行和后辈："为人师表，千万不要把学生看死，要为他们的发展创造条件。"

教坛拓荒

吕型伟有自己独特的思路和思想，这在"文化大革命"的十年中一再得到印证。

"文化大革命"结束后，吕型伟任上海市教育局副局长。他敏锐地感觉到中国经济发展的春天要到了，而经济复苏离不开人才培养，普通的中等教育已不能满足改革开放之需求。他在 1979 年春写的《中等教育结构必须改革》一文在《人民教育》上发表并引起很大反响。在他的倡导下，上海职业学校遍地开花，商校、职校、旅游学校等为上海培养出大批会计、厨师、宾馆服务人员。这在全国开了先河。

吕型伟喜欢真抓实干，搞实事项目。20 世纪 80 年代初，他提出农、科、教一体，普、职、成一体办农村教育的构想，先在上海南汇县试点，后在崇明竖河开现场会。这个经验被推向大江南北、五湖四海。

20 世纪 80 年代中期，在他的争取下，上海拥有了大学自主招生考试的资格；20 世纪 80 年代后期，他紧抓课程教改这根牛鼻绳，提出多纲多本的主线。他认为，我国教材几丨年不变，既不利于学生成材，又不适应时代发展，因此着手编写了一套中小学各科教学指导书。每科一本，全套 50 多本。这套书受到国家教育部认可。

从 1986 年开始，吕型伟又发起组织编写了一套《教育大辞典》。他动员了全国上千位教育界、理论界的权威，历时 6 年，编写出版 3800 万字共 12 卷的《教育大辞典》，填补了中国教育学上的空白。之后精益求精，他又用 6 年时间对已出版的《教育大辞典》进行了补充和修正，编写了两大本合订本。中国辞书权威巢峰高度评价："这是里程碑式的书籍。"

1995 年，吕型伟出版了两本专著。《为了未来——我的教育观》一书提出社会效益是衡量教育成功与否的唯一标准，而《上海普通教育史》则把新中国成立后到 1989 年四十年间教育阵地上的风风雨雨都写进史册，堪称中国地方教育史上的第一本著作。与此同时，他受当时教育局党组和中小幼教育奖励基金会的委托，着手编写上海教育丛书，并担任主编。这套丛书共 50 本，全部是上海中小学优秀教师的专著。

老骥伏枥

已 80 多岁高龄的吕型伟，仍精神矍铄，思维敏捷，壮心不已，他倾全力在探索面向 21 世纪的教育新模式。在马不停蹄地参与中，吕型伟发现中国的教育是一个极为广阔的天地，有做不完的实事，研究不尽的课题。

从 1985 年以来，他先后在全国选了 40 多所中、小、幼学校，进行"21 世纪中、小、幼教育现代化研究和实验"。北京的景山学校、上海大同中学、上海中学、上海市实验学校等都被列为试点学校。现在这些试点学校已结出累累硕果，并于 1996 年 5 月在昆明召开的国际研讨会上得到国内外专家的高度评价。

吕型伟对家乡、对母校无限眷恋。1997 年 4 月，他曾回到魂牵梦萦的家乡新昌县，还特地去寻访他 17 岁时创办的东茗乡白岩小学。当年那所破庙的废墟上已新建了一所完小。吕型伟找到了当年的三个学生，最大的 72 岁，最小的也 68 岁了。他们激动地握着吕校长的手，热泪盈眶，久久说不出话来。2000 年，他将自己所获得的日本内藤国际育儿奖的全部奖金一万元人民币，都捐给母校新昌中学建造“师恩亭”，并亲笔题写“师恩难忘”四字。另外，从 2000 年起，他又决定从他自己为数不多的离休金中，每年抽出一万元，奖励新昌中学当年的优秀高中毕业生，并总是不顾年高体弱，回母校亲自为学生颁奖。

2006 年春天，《长三角观察》专刊邀请吕老给《教师报》的读者做有关民族精神的报告。他指着办公桌周围的书对记者说，民族精神的乳汁润泽青年的生命，他也要把自己的藏书安个“家”。在座谈会上，吕型伟说：“教育之路，我选对了。”而总结自己 70 多年的从教经验，为教育做了这样极富哲理意味的概括：教育是事业，其意义在于奉献；教育是科学，其价值在于求真；教育是艺术，其生命在于创新。

邓爷爷教诲下的李劲

1997 年 2 月 19 日，邓小平同志逝世的消息传遍了五洲四海。当时，一份电子邮件从大洋彼岸的波特兰传到了上海：

> 从美国传媒惊悉邓小平爷爷逝世，无比悲痛。回忆十三年前，邓爷爷给了我力量；没有邓爷爷，就没有我的今天，但我不会被击倒，将勇往直前……

这是远在美国波特兰夏普研究所工作的李劲博士发出的。在这之前，美国关于邓小平的健康情况已经有种种消息，李劲开始还不以为然，总觉得这是所谓"新闻自由"的故态而已，但新华社的消息使他极不希望发生的事情终于不容怀疑了，李劲，此时沉浸在深深的悲痛之中。

那是 1984 年 2 月 16 日，在上海市微电子应用汇报展览会的展厅中摆着两台微型计算机，许多参观的人都用好奇的目光注视着机器前的两位少年，男的就是李劲，当时是华东师范大学第二附属中学初一学生，还有一位是他的同学。

上午 9 时刚过，从展厅入口处传来阵阵欢声笑语："邓小平同志来了！邓小平同志来了！"

不一会儿，邓小平同志穿着一身浅灰色的中山装，面带笑容健步走到了计算机旁。

"邓爷爷，您好！"佩带着红领巾、年仅 13 岁的李劲行过队礼，激动地喊道。

李劲对师长的尊敬是出了名的。当时的班主任严鸿淇回忆说，他每次向老师问好都是行 90 度鞠躬礼，从不含糊。

邓小平和蔼地点点头，并亲切地抚摸着孩子的头。

操作表演开始了，陪同人员搬来椅子让邓小平坐下观看。他连连摆手，示意不要坐了，并关照说："轻点、轻点。""欢迎！"随着李劲那双灵巧的手在键盘上飞舞，电脑荧屏上闪现出中英文字样，接着又出现一个造型生动有趣的机器人，闪烁着一双大眼睛，唱起"我爱北京天安门，天安门上太阳升……"动听的歌声刚刚消逝，一枚标明"中国制造"的火箭呼啸着冲向蓝天。这时，屏幕上又显示出"中国，飞向宇宙"的字样。看到这里，邓小平同志满意地点头，笑了。

李劲还表演了自己编制的人与电脑下棋的游戏程序，邓小平看得十分仔细。

表演结束了，邓小平上前亲切地问李劲："几岁啦?"

"13 岁!"李劲答道。

"计算机的普及要从娃娃做起。"邓小平转过身朗声对大家说道。

"从娃娃做起"，李劲心里一热，"我将来要与计算机为伴，邓爷爷这样说了!"

邓爷爷的重要谈话，奠定了李劲的人生道路，为他在计算机科学事业上终身奋斗的决心注入了无穷无尽的力量。

知识编织的"小博士"桂冠

邓小平爷爷亲切接见李劲的喜讯传遍了华东师大二附中，也使他的家庭充满了喜悦。妈妈回忆起儿子童年的情景，历历在目……

李劲背着书包上学时已经 7 岁半了，爸爸妈妈是中学老师，一上学碰上个像妈妈——不，比妈妈还行的班主任胡老师！胡老师上语文课可生动了，连调皮的孩子都能认真听她上课，她的本事还真大。到了三年级，大家都过了"识字关"。老师鼓励大家看课外书，还引用了好多有名的老爷爷的格言："理想的书籍是智慧的钥匙”——这是大文豪托尔斯泰说的。“热爱书吧——它是知识的源泉!”这是高尔基爷爷说的。

寒暑假，他喜欢跟妈妈到学校去。妈妈忙，把他放在图书馆里就走了。图书馆里尽是书，图书馆的阿姨也真好，任他翻看。一大叠数学小册子看完了，十几本《十万个为什么》也看完了，他又在看一套科学小丛书：光学、力学、星球知识、宇宙飞船……在李劲的脑海里真像一个海洋。徐汇区进行过两次小学生数学应用竞赛，李劲都得了第一名。他已经在接触探求未知数 x 了，开始寻找数学方程未知数的乐趣。

四年级时，李劲转到建襄小学，就是那个有名的“鸡毛飞上天”的学校。这儿的老师真“佩服”李劲，卷子上数学附加题都做出来了，真神！区里搞计算机试点，就推荐李劲去学计算机。

学校里搞小博士知识竞赛，各自把题目出好后写成纸条编好号，挂在绳子上抽签回答，如果答不出，可请人代答。李劲把自己抽到的题目顺利答完，有人向他求援：“地球停在半空中，为什么不掉下去?”

大家都觉得这题目真难，可是李劲答道：“宇宙是无边无垠的，没有上下之分!”

“噢!”一阵鼓掌。李劲积分最高，“博士”称号就叫开了。

“博士”的称号不过是一次学校知识竞赛的“桂冠”，真正有价值的还是上海市少年计算机程序设计竞赛，李劲显示了他的真正的实力。

那是 1983 年 2 月的一个星期天，李劲向一台指定的电子计算机走去。事情可有点糟糕，考场上的计算机是“克罗门柯”型的，跟平时练习的机型不一样，就像赛马骑手临时换了一匹陌生的骏马。

他镇定了一下，全神贯注搜索屏幕上那个不三不四的“怪物”，打出一个倒立三角形。好不容易逮到一个错误，又逮到第二个，第三个。对了，底边该是九个星构成的，怎么只有八个星？他又抓到一个“敌人”。哦，程序改好了，可以“键入”了，他定神看了看陌生的键盘，还好，跟在交通大学上机学习的“王安型”键盘差不了多少，只是控制键功能不一样，挪了位置。他飞快地按动键钮，辟里啪啦几下子，屏幕上便映出了一个预期之中的倒三角！

“老师，老师——”李劲兴奋地叫了起来。

这次比赛预定一小时，监考老师以为早着呢，跑开了。

听到喊声，监考老师急忙赶过来，惊讶地看向手表：“3 分 45 秒！”

那位监考老师还没有转过神来，就做了一个再清醒不过的预测：“估计这个孩子，会拿上海第一名！”

真的，他说对了，李劲这次以绝对的优势，战胜了参加这次比赛的其余 119 位学生，他得了第一名！

这年 9 月，他进入华东师范大学第二附属中学。

宽松育特长

问起李劲在华东师大二附中学习时期的最大感受是什么？他曾经在回答清华大学《新清华》记者采访时说：“我所在的华东师大二附中，教学方法比较灵活，课不重，作业不多，并且允许学生免修一些课程，从而有更多精力自己探索，这比较适合我的特点。”

李劲进了华东师大二附中，学校非常重视他爱好计算机的特长，不仅安排他参加计算机小组，而且还破格让他参加高中组活动，同时推荐他到上海市福利会少年宫的电脑班学习。李劲读初一时，邓小平爷爷看了他的计算机表演，讲了“计算机的普及要从娃娃做起”以后，他更把这句话作为鞭策自己的动力，更加迷上计算机了。平时在学校里，一有空就泡在计算机房里，二附中的计算机房对他来说大门永远是敞开的。到爸爸单位里，他也是一头钻进计算机房。

李劲的每个星期天，都是在市少年宫计算机活动中心“深造”。李劲去市少年宫，总还拎着个大包，里边装的全是书。妈妈要“搜查”，想减轻他的负担，要拿掉《高中物理》，“不行，不行，我正自学《电学》那章呢！”想拿掉《趣味程序 100 例》，“不行，更不行，我想改一改几个烦琐的程序呢！”在花园一样美丽的少年宫，李劲的生命跳跃着时代的脉搏。

指导老师王颂赞带领他们参观访问，大开眼界。那个纺织厂采用电脑监测，织布机断了多少头，织了多少米，合格率是多少，计算机还真“坚守岗位”呢，都记录在册。那个医疗器械研究所搞的“CT”更妙，用电脑显示大脑，一个病人愁眉苦脸地来找医生问诊，屏幕上的大脑“内部展览”让人一览无余！李劲越发心明眼亮：电脑的用场真大哩！

在这个奇妙的电脑王国里，稀奇的问题实在太多，正等待着这个少年组第一名的获奖者去攻克堡垒呢。他必须掌握科学文化知识，降伏高中乃至大学课程：三角函数、离散数学、图论……

“电脑”要用“人脑”去降伏！

你不要以为学了电脑，其它功课“翘脚”了。不！李劲如饥似渴地在二附中一批优秀教师指导下学习多门学科，获得了全国数学一等奖，美国数学邀请赛一等奖，全国物理竞赛一等奖……

华东师大二附中现在的办学目标“优秀加特长”，并不是凭空想出来的，而是总结了无数二附中优秀学生成长事例得出来的。计算机，在有些人看来是那样枯燥乏味，而在李劲眼里却是妙不可言的。笔者最近采访时，他妈妈给笔者翻出他的作文，他在《我的课余生活》一文中这样写道：

> 在紧张的学习之余，大家都想“轻松”一下，调节调节过度疲劳的大脑，舒展舒展劳累的筋骨。在课余，有的同学爱好打排球，有的喜欢观察星星，有的遨游于数学的海洋，还有的沉浸于ABCD的奥妙之中，而我的课余时间大部分花费在计算机上。
>
> 有人认为，编计算机程序是那样的枯燥乏味，几十句、几百句，甚至上千句的程序，又是循环语句，又是条件语句，简直把人弄得晕头转向。在一天的学习之后再去搞这，真难以令人提起兴趣。而我却不以为然，编程序是一种极复杂的逻辑推理过程，编复杂的程序，更能提高我们的逻辑推理能

力。在编程序过程中，平时所学的数学知识、英语知识都在计算机上得到了充分应用，无形中对知识起了一种“温故而知新”的作用。此外，编程序还能提高我们克服困难的勇气和毅力。当程序暂时无法正常运行，你可能会感到迷茫，甚至不愿再干下去了，但是一旦你鼓足勇气克服困难，取得胜利的果实后，你心中的喜悦是无法比拟的。

我喜欢计算机，喜欢编程序，它给我带来了无限的欢乐；我要运用计算机这一现代科学的武器，在探索科学的道路上迈出一个又一个新的步伐！

我们从这篇发自肺腑的文章里，可以窥探到李劲心里翻腾着一股充满生命力的激情！这股激情来自邓小平爷爷的鼓励，这股激情来自少年李劲对祖国未来的美好憧憬！

李劲的爸爸李绍基最近接受笔者采访时说，从他在二附中学习时获得奖项的层次上看，数学是国际级的，如果下功夫钻研数学，也会有成绩的。但是邓小平的接见，给了李劲极大的鼓舞，产生了一股动力，就是不在计算机方面做出点成绩就辜负他老人家的期望了；不仅是李劲，就是他们夫妻俩，也都从教物理改为教计算机了，这也许是一种缘吧。现在李劲的妹妹李劼，从上海商学院毕业了，也在徐家汇“百脑汇”计算机广场供职，还在一个学校从事计算机教学。他的堂弟李聪也是“电脑迷”，进了交通大学，也攻读计算机专业。总之，他们全家都与电脑结下了不解之缘。

1998 年 3 月，笔者随二附中陈胜庆副校长专程去北京追踪采访李劲的成长轨迹。清华大学计算机专家吴文虎教授告诉我们，1986 年 9 月，李劲以满分成绩摘取了全国青少年计算机竞赛桂冠。吴教授带他和另外两个获奖学生去美国访问，这学生见了苹果机电脑马上就买。到了宾馆，李劲他们就捣鼓着拆开，探究奥秘。吴教授不但不责怪他们，还相当高兴。他说：“人们常在讲‘要致富，先修路’，这个‘路’，首先是心‘路’，观念更新很重要。我们的民族是优秀的民族，创新是民族的灵魂，李劲在国内学习计算机，他就想着在这个计算机世界里遨游。中国的落后是暂时的，见先进的就学，这种观念是了不起的。现在，信息高速公路一日千里，李劲探究计算机奥秘的钻劲远远走在我们这些人的前面了！”

李劲对邓小平爷爷的感情并不在口头上，而是在具体的奋斗经历中。他在高一作文课上写过一篇《我的理想》，二附中的语文老师批了十个双圈，越圈越大，可以想见这位老师是击节赞赏了，我们不妨透过这篇作文去窥视他的心声：

培根曾说过：“毫无理想而又优柔寡断是一种可悲的心理。”一个没有理想的人，他的生活必定漫无目的。这样的人，不可能成为一个优秀的人。一个人只要有了崇高的理想，并有坚定的信念努力去实现这一理想，他才可能成为生活的强者，成为人中之“王”。我的理想是什么呢？我的理想是成为一个科学家。

科学的道路，常常充满荆棘。科学家上台领奖的一刹那，的确是够威风、够神气的。但有谁想到，在这短短的刹那的背后，他们付出了不知多少心血和汗水。要成为一个优秀的科学家就必须从现在开始努力。现代科学，需要的是知识广博的科学家。因此，我们必须努力开拓自己的知识面，既注重数理化方面的学习，也不忽视其它学科的研究，在课外阅读大量的各方面的书籍，努力把自己培养成为一个全面发展的人才。又因为现代科学的基础学科是数学和物理，所以在这两方面我更要下苦功，努力在数学、物理方面比别人学得更深一些、更广一些，为自己将来的工作打下扎实的基础。

一个科学家，如果总跟在别人屁股后面转，人云亦云，那决不是一个真正的科学家。我们就应该敢于创新，勇于打破旧框框，努力培养自己的创造能力，不满足于占有真理，而要争取发现真理。然而，创造力是不可能一下子便形成的，而需要从小培养，我现在就要多动脑筋，多搞一些小发明、小创造，长大后才有可能为人民做出大发明、大创造。

我之所以想当一名科学家，是因为科学家能为人类改造世界、征服世界做出贡献。没有科学家，人类社会就难以飞速发展，我要成为一名优秀的科学家，为全社会做出贡献。我要发现控制核聚变的方法，使人类获得取之不尽、用之不竭的廉价能源——氢聚变能，使海洋成为人们的“汽油库”。我要发明能抵挡原子弹、氢弹的武器，为人类和平做出贡献。我要探索宇宙的奥秘，让人类在宇宙中访问同类——外星人。我要揭开宇宙之谜，使猪、牛、羊能廉价地大量繁殖，使绝迹的动物重返世界……总之，我要做一个对社会有贡献的科学家，决不庸庸碌碌地度过自己的一生。

然而，理想毕竟只是理想，理想不等于现实。不付诸实践的理想只能是一文不值的空想。我将从现在做起，为实现自己的理想而奋斗终身。

李劲怀着崇高的理想痴迷于计算机世界，华东师大二附中为李劲那样志存高远的学生，着意创造有利条件，免修一些课程，以便集中精力发展特长。

清华园里的“十杰”

1998年3月25日上午，清华大学校友会钱锡康老师得知我们要采访李劲在清华的成长事迹，热情地领我们到《新清华》编辑部。在1995年3月10日《新清华》上刊登着清华大学万名师生评选的1994年十大新闻。“清华学生十杰”中赫然写着李劲的名字。这个活动旨在宣传当代大学生的形象。李劲从华东师大二附中高一读到清华大学博士学位，其间只花了7年时间，确实为当代教育改革提供了宝贵的经验。

1987年9月，李劲开始读高二。当时的班主任、现在的上海市普陀区十大名师之一陈双双，就准备为李劲上清华大学开欢送会。陈双双老师谈及十多年前的李劲，还沉浸在美好的回忆里：“他大智若愚，宽厚、大度，他的聪明是深思熟虑的深沉，决不是流星一般的闪烁……”

清华大学电子工程系破格录取仅高一学历的李劲，郑重地向国家教委打报告。当时的国家教委副主任何东昌欣然批示：“要进行特殊培养，尤其要注意思想培养。”1988年暑假，清华大学张孝文校长两次召开所有主管单位负责人会议，制订和修订李劲培养方案：李劲可以到任何系、任何地方选修任何课程。根据李劲基础好、接受能力强的特点，学校确定了从本科到研究生阶段的连续培养方案，并协调好上课时间、实验时间和课程衔接等各个环节，保证他的学习和研究能力得到充分发挥。李劲在这种宽松的学习环境里如鱼得水，他说："例如外语，由于我从高一直接读到大学，水平不高，但进步快，外语教研室允许我中间跳班，在入学第三个学期就通过大学英语六级考试。在外语系里，我是第二名。"

1998 年 3 月 24 日晚上，刚从深圳出差回北京的刘润生教授打电话给笔者，他说："李劲的学习相当突出，老教授们讲考 80 分都很好了，李劲得 100 分。三年学完五年的本科阶段学习内容，还学习了部分研究生课程。他的本科毕业论文《xwindows 系统在 PC 机上实现研究》，将多任务通信移植到 PC 机。这是个相当艰难的课题，但他解决了。"

当时教授们发现李劲的本科毕业论文特别优秀，就邀请电子系学位委员陆教授和北大图形学董教授组成论文答辩会，他们一致认为李劲的毕业论文已经达到硕士研究生论文水平。他又用半年时间补完硕士研究生课程，1991 年 3 月刚刚过完 20 岁生日的硕士毕业生李劲，又搬进了博士楼，成为中国最年轻的博士生。李劲的博士生导师之一的吴佑寿教授是国家教委科技委副主任，当时正在研究人工神经网络的尖端课题，李劲感到这方面不是自己的长处。在博士论文的选题上，导师林行刚教授支持他自己的选择。李劲进入博士学习的第一年，就独立提出了进行第二代和第三代图像压缩编码研究的设想，选中了图像压缩这个课题。李劲说："如果说我的本科和硕士学习阶段突出一个'快'字，那么，博士生阶段则突出一个'高'字。在导师和专家的指引下，我于 1992 年初完成了比较切实可行的博士论文开题报告。"

1994 年 6 月，李劲从清华大学博士研究生毕业后去美国南加州大学做博士后，带博士生。后来，他感到学院的研究似乎缺少点什么，就转到日本在美国的夏普研究所，继续进行他的计算机图像研究，这是从基础理论研究转向基础理论与实用结合的开拓性领域。1998 年 1 月，他获得"视觉和图像处理杰出青年研究者”奖，这标志着国际计算机学术界公认他是这个学科前沿的一流专家。

在采访中，我们发现清华大学的领导和教师们是那么熟悉李劲，当然他们由此格外关注一批从华东师大二附中毕业到清华学习的优秀学生。似乎不止一次地听到他们回忆李劲对待老师的谦和态度。在清华园，李劲见到老师，不管是教授还是辅导员，他仍总要深深地鞠一躬……在我们眼前，仿佛又见到了十几岁时的李劲在二附中的影子。

华东师大二附中的“追求卓越、再创辉煌”的教育成果展览中，迎面一幅最大的照片就是邓小平同志站在少年李劲背后，脸含笑容，专心致志地看着电脑屏幕。“计算机的普及要从娃娃做起”，这句响亮的话语，不仅萦绕在李劲心头，也永远鼓舞着华东师大二附中的莘莘学子，永远鼓舞着 21 世纪新中国的青少年们。

熔铸学生发展的基础品格

迈进绿荫环抱的进华中学的校门，眼前闪现似瀑布飞泻的景观：一眼赟泉瀑流，竟然将泉口花岗石圆球托起飞转！这给人以联想——赟泉，美好、智慧的源泉；进华学子从源远流长的中华民族精神文化历史长河里汲取精华……

2006年12月8日上午，进华中学求真四楼的语文实验室迎来一批语文老专家，著名语文特级教师方仁工、过传忠，老校长联谊会的顾朝晶、赵凤飞，华师大中文系退休的语文专家、教授……他们饶有兴致地听取青年教师的语文研讨课，不论是“合理联想”的写作指导，还是“留住童年”的阅读训练，抑或“生命的旋律”的语文活动，让我们看到了学生的生活因语文而完美，在进华的语文课堂上，没有刻板的知识传授，有的是生命与生命的“对话”感悟和思考。生命的形态如同音乐的不同旋律一样多姿多彩；进华学子的亮丽形象也伴随着命运交响曲的音乐旋律印刻在人们心上！

难怪享誉语文教坛的著名特级教师过传忠老师的评价一语中的：语文课的魅力在于返朴归真，语文课就这么上！语文专家储国伟惊呼：非语文专长的校长引领语文教师营造的“进华书屋”在上海绝无仅有；“教育理念领先一步，教改实践大跃一步”！语文课亮点闪烁，我也很想探求进华校长办学思想的轨迹，故而与陈国强校长进行了一次访谈。

笔者：十几年前我在华东师大二附中采访教学改革，当时您是校办主任，担任化学课教学；现在当进华校长，语文教师注重教学改革，学生的语文智慧表达更精彩，取得如此鲜明效果，你是怎么引领的？

陈国强：语文专家们对进华语文改革成果的赞扬给了我们鼓励。进华的发展，借鉴了华东师大二附中的教改经验，我是二附中教育改革的亲历者，进华教改的起步是数学，那些在数学王国里畅游的好手往往也都是运用语文工具的高手。当然，也有些理科基础好的学生，往往因为语文工具使用有问题而徘徊不前。这就促使我这个学理科的校长考虑语文改革了。的确，我们的学生走向社会，也许要运用数学，也许要运用外语，但是，他们每一天都要运用语文，语文要陪伴学生生命的每一天，它是“工具的工具”。校长的工作岗位需要考虑语文改革。

首先，我们建立语文实验室，为学生学习语文创设氛围。古色古香的“进华书屋”，书画天地，数字化网络，与课本相匹配的经典书刊和工具书，随手可翻。桌椅排放因学习方式不同而变化。

其次，强调语文“老三篇”——好字、好文章、好口才。语文“老三篇”初中是关键奠基阶段。

再次，语文品格塑造两大要素，综合能力和深厚内蕴；学生心灵在生活情境中有感而发，借助灵感之刀使生命雕刻得玲珑剔透。三位青年教师的三种课型是日常语文课的缩影。这几年的语文成果确实丰硕，两本《感悟赟泉》里二百多篇文章是明证，《中文自修》里校园写手的专题介绍声誉很响，几所著名高中的学生领袖“名嘴”是进华人。

笔者：刚才陈校长讲到进华教改的起步是数学，您提出了“数学的‘龙头’效应”的论断，据说前不久国际和跨地区鉴证委员会（CITA）也进行了认真的鉴证，你能否具体阐述一下？

陈国强：我曾经在华东师大二附中工作了二十余年，二附中的一期课程改革和“金牌精神”，我是亲身实践者和感悟者；二附中披金挂银的学生，尽管很多都在物理、化学、生物等学科有出类拔萃的表现，但几乎无一例外地都具有扎实的数学功底。这就是说，具有良好的数学素养是学好自然科学的基础，数学是贯穿整个学习生活的基础学科。反过来看，有少数学生出现成绩滑坡，往往是从数学这门学科开始的。所以，在我的办学实践的词典里，“数学是龙头老大”。近几年来我们的目标追求在实践中似乎透露了一些亮点，“龙头”的效应逐渐显现出来。

马克思说：“一门学科，只有在成功地运用数学时，才算达到完善的地步。”中国数学家张恭庆说：“世界上没有一个强国在数学上是弱小的，一个国家的经济、科技和军事发展无不建立在数学的基础上，数学也与人类精神文明的进步密不可分。从学科角度讲，作为自然科学的皇冠，数学也是物理、化学等其他学科的基础。”这两段话阐述了数学学科与其他相关学科的重要性。我们常常听人说：“数学学得好的人聪明”，这句话是有一定的道理的，因为数学是个蕴藏智慧的宝库，是培育人的优秀思想品质的园地。学习数学不仅能够提高人的思维能力、运算能力、空间想象能力，而且使人获得数学思维方式的训练、理科精神的培育和美感情操的熏陶，同时在解决数学问题的过程中磨练意志、激发悟性、激发潜能。数学教育对于提高学生的抽象能力、推理能力、创造能力以及辩证唯物主义世界观与方法论等具有独特的作用，数学文化是社会文化中不可忽略的重要组成部分。正是基于这些认识，进华中学特别注重数学教学，把数学作为特色教育的对象，促使学生在数学学习中，逐步掌握观察、比较、检验、使问题得以解决等方面的能力。这些研究问题的方法和能力在其他学科的学习中也都是必须具备的，这些能力的增强当然也有利于其他学科的学习。因此，注重数学并不与“全面发展”相冲突、相矛盾，它们之间是互补的，是起了促进作用的。同时，在解决数学问题时形成的分析问题、解决问题的能力及创造性思维的能力，对一些技能型的竞赛、实验、计算机操作等同样有着很大的帮助。因此，注重数学教学，把数学作为龙头学科，有利于带动其他学科，全面提高教学质量。我们把对这个目标的追求力图使之成为每位教师的追求，也要求学生在学习数学的过程中提高自己各方面的素质。同时让学生在这其中品味成功与失败的滋味，砥砺智慧、情感与意志。

我们的教材选用了国家教育部编的《中学教学实验教材》。这是一套面向世界、面向未来的教材，比一般的统编教材层次高、内容多，并在全国形成了科研网络、评估体系。该套教材与普通教材相比，具有更强的系统性、连贯性，对学生的理论要求比较高，有着很大的启发性。另外，习题的结构层次明显，分为A、B组及全章发展题三个部分，循序渐进，由浅入深。A组为基础知识题，B组为能力提高题，全章发展题则为个性发展题，具有一定的难度。这样可以适应不同层次、不同能力的学生的需求，为每位学生提供了一个发展自己特长、挖掘自然潜力的舞台。在课堂教学中主要注重数学基础知识的掌握，打下扎实的教学功底，并为课外提高做好准备，掌握好必要的预备知识。同学们通过学习深深地体会到，这本教材不但使他们学到了数学的一些基础知识，更使他们进一步理解了由这些基础知识所反映出来的数学思想和方法，大大提高了同学们的数学素养。

教法“纵、横”交错的原则。我们在课程的模块上采取了“纵、横”交错设置法，基础课内求全面扎实，拓展课求分类提高，并关注学生的个别化学习需要，切实落实不同“学习速度”学生的因材施教。尤其对学有余力又爱好数学的同学进行专题辅导，对这一部分同学主要使他们理解数学习题的基本结构和编题的常用方法，培养他们灵活运用所学的数学知识，形成较深刻的数学思维。进华中学所取得的成绩是斐然的，办学十一年来在市区级乃至全国获奖的人次之多、等级之高，是在市区颇为少见的，共有2697人次获奖，其中全国级获奖的有708人次，占总获奖数的25%，其中数学获奖有545人次，占全国获奖人次的76.78%，荣获上海市奖项的有1082人次，占总获奖数的38.54%，其中数学有417人次，占市级获奖数的38.54%，区级获奖的有907人次，占总获奖数的33.63%，其中数学有422人次，占区级获奖数的46.53%，尤其要提出的是2002年进华中学代表上海市参加由中国数学学会主办的全国2002年“我爱数学夏令营”，房麒峰、董圆圆和朱凌炯3位同学组成的代表队力挫群雄，战胜了全国各省市的37个初中代表队，获得一个第一名和团体总分第一名，为学校捧回了两尊金光闪闪的大奖杯。

由于数学的龙头效应，物理、化学也频频获奖，近几年物理总获各类奖349项、化学212项、文科类305项、其他类447项。这些获奖人数之多，层次之高，在市、区是不多见的，这充分证明学校把以数学教学为龙头，以个性发展教育为抓手，全面带动相关学科的做法是有效的，“龙头的效应”也充分显现出来了。

学生数学学习水平的提高对学生的整体发展同样有着积极的影响。2002届初三（4）班同学全部被市重点中学录取。董圆圆同学在2002年全国初中数学竞赛和上海市第十六届初中物理竞赛（大同杯）中均获一等奖，同时她还是班级的团支部书记，工作认真负责，积极配合教师带领全班共同进步。她在《成长的足迹》一文中写道：“我们这个团队没有欺骗、算计、应酬、虚伪，只有坦诚、体谅、互助和交流，大家以共同进步为自豪。”

国际和跨地区鉴证委员会很强调服务学生，他们随堂听课、访谈，查阅和核实数据，他们对课程改革所取得的成果十分赞赏，并做出了肯定的评估。2005年进华中学被上海市教委评为“上海市优秀民办学校”，2006年通过国际和跨地区鉴证委员会鉴证，则是可以得到全世界鉴证学校之间学分、课程等相互认可。

笔者：在您的办公室橱窗里摆放着中央教科所等单位颁发给您的陶艺教育特殊贡献奖的奖状，请问开展陶艺教育与培养学生基础品格有什么联系？

陈国强：陶瓷艺术是具有中华民族精神的艺术，其艺术体系包括文学、绘画、书法、雕塑、舞蹈、音乐等，尤其是书法、绘画、雕塑这些艺术部类关系更为密切。我们的陶艺课程内容分为四个部分，即：书法与陶艺、艺术与陶艺、劳技与陶艺、陶艺欣赏。在每周课总数不增加的基础上，运用相关学科的课时来进行陶艺教育，以陶艺教育为主线，开展书法、绘画、劳技教育，让每个学生在中国传统艺术中尽情遨游，培养学生多种艺术才能和高尚的审美情趣，激发学生的创新精神，培养学生的动手实践能力、综合运用知识的创造性能力。

学生对陶艺课程兴趣浓厚，“只有成功，没有失败”，能创造一种轻松活泼、主动探索的课堂气氛，能激发学生的创造性和求知欲，能增强学生在创作过程中发现问题和解决问题的能力。

其中，有九位同学选定不同朝代书法家书写的“龙”字组成的《九龙板》，获得观众一致好评；不仅使观众品味不同风格字体的神韵，而且陶冶和凝聚了民族情怀。这件《九龙板》与《雪天上学》两件作品获金奖。更多的作品学生自己珍藏，称得上是成功的处女作。

2001年，市区教育部门在进华中学召开了“上海市陶艺教育推广现场会”，以我为组长的《陶艺教育的地位和作用》列为国家教育科学“十五”规划的重点课题的子课题，现已结题。

我主编的《陶艺》教材已出版，并指定为上海市二期课改的拓展型教材。

笔者：您的课程意识总是很独特，想人所未想。我还听说您在董事会支持下在常熟投资200万建设了社会实践基地，基于什么考虑，愿闻其详。

陈国强：你指的是上海市进华中学常熟素质教育基地。它位于有着“鱼米之乡”之称的江苏常熟市新港镇，它东倚上海，南连苏州，西邻无锡，北靠母亲河长江，距离沙家浜革命圣地仅半小时车程。常熟地区也是中国改革开放的缩影。这样丰富的社会实践资源和教育资源为学生社会实践提供了广阔的舞台。三年来学校围绕熔铸学生发展基础品格的目标，以德育为核心，以培养学生创新精神和实践能力为重点，以学农、学军、学工为主要形式，结合学科教学、主题教育、团队活动进行了学生实践活动的探索，形成了比较科学完善的体系，进华中学学生实践活动日益形成自己的特色。

笔者：如何利用当地的教育资源让学生受到教育呢？

陈国强：沙家浜革命历史博物馆是全国爱国主义教育基地。同学们去参观了馆内翔实丰富的历史资料和大量珍贵文物，回想硝烟弥漫的年代，感受到了在那艰苦战斗环境下的军民鱼水情谊。乘船穿梭于当年新四军水乡游击战的芦苇荡时，那随风起伏的芦苇似与年轻人低声细语血染红旗的故事。“我们今天幸福生活来之不易”的感悟有了历史厚重感。热爱祖国，了解历史也是对每一位合格公民的基本要求。

我们还邀请基地附近的民营企业家豪威富（集团）公司的董事长和党委书记做了几场报告。他们回顾公司最初从一个资产几十万的小企业一步步发展成为今天拥有固定资产 8000 万的集生产、经营、贸易、科研、服务于一体的跨地区、跨行业企业集团的漫漫历程。豪威富集团的腾飞折射出党中央改革开放政策的正确性和中华民族复兴之路。上面两种教育是开放式的、润物细无声的，不再是书本上的概念。

当然，在大自然和大社会的“大课堂”里过集体生活，对于过惯“水泥森林”里的城市孩子来说也是新鲜的，学会共同生活、学会生存的课题都要经受磨炼。“独生子女”时代使许多孩子成为“温室的花朵”，离开爹妈在一个陌生地住上一周，对他们来说还是一个挑战。针对部分学生娇气和任性的特点，一方面从“严”要求，另一方面又送去温馨。在生活方面，不会用农家柴灶烧火，不会做饭，这就要手把手教。到农家拔棉花梗、剥玉米粒，亲身体验劳动的艰辛。学种油菜，种浅了，根露在外面水份不足会渴死；种深了，油菜又会被淹死。活儿简单又必须知根知底。

在素质教育基地，结合学科教学法进行“教学做”合一；物理课上讲解的是工厂里见到的杠杆轴承的机械原理。数学老师写的不是简单的符号，而是企业产品的三维视图。语文老师不去讲解课文，而是讲采访或调查的一般方法，写一篇小调查报告。

“手和脑在一块儿干，是创造教育的开始；手脑双全，是创造教育的目的。”陶行知先生的教诲是社会实践的思想准绳，今天仍然有着不可磨灭的指导意义。

笔者：陈校长，同学心里留下的印痕，也是您花大力气创建素质教育基地的目的所在。那么，进华中学“城乡少年手拉手”活动的开展，它们之间又是怎样有机联系的呢？

陈国强：“城乡少年手拉手”活动是我们民进中央与共青团中央、教育部、全国少工委联合发起的。我们进华中学做出了积极的响应。我们统一了这样的认识：“城乡少年手拉手”助学活动有利于帮助学生了解国情，培养集体主义精神和社会责任感，从而形成助人为乐的优良品格。这就是熔铸学生基础品格的重要内容。进华中学早在2000年5月就举行了隆重的“城乡少年手拉手”捐赠结对仪式，正式与贵州省普安县罗汉乡互助结对，先是小学，后为中学。我们不只是捐助“输血”，更重要是“造血”。2004年11月，由民进上海市委举办的第一期西部教师培训班在我校举行。

充分利用自身的资源优势，将先进的教育理念和教学方法传授给西部教师，为西部教育事业发展、为构建社会主义和谐社会做出积极贡献。赠人玫瑰，手有余香。“城乡少年手拉手”以物质资助的形式使西部少年得以继续上学，而且使西部教师业务提高，教育水平提升；这何尝不是对我们的学生和教师生命质量注入的新元素？我们从“民族精神纲要”和“生命教育纲要”的高度回顾进华中学“手拉手爱心助学”活动。六年间，“爱心接力棒”周而复始在一届又一届的进华人手里传递着，“手拉手”捐赠仪式是学生必修的德育课，这标志着奉献爱心、助人为乐已成为自觉行动。东部西部是一体，城乡是一体，它们加起来才是整个国家，它们共同发展，国家才富强，我们有责任为西部教育力所能及地贡献一份力量，这是历史责任；在帮助别人的同时也鞭策了自己，使自己的生命焕发出更耀眼的光彩！

笔者：您作为进华中学校长，把创建常熟素质教育基地与开展“手拉手帮困助学”活动之间有机地联系起来思考，使我茅塞顿开。还有个问题，走进校园中央，人们还会看到一尊“世纪宝鼎”，据说也有象征意义的，请您阐述一下，好吗？

陈国强：校园里安放着一尊“世纪宝鼎”，学生的文章里称为“镇校宝鼎”，某种意义上可以这样理解。其“三足”，我是赋予了它建立“三个团队”的意思，即教师团队、学生团队和家长团队。

学生和家长选择我们进华中学读书，学校就是为他们服务的，我这个校长是为三个团队服务的。有次去教师办公室，有位老师说开家长会，对家长提要求配合班主任工作。我就与这位老师交换意见，不能用“训话式”开家长会。这位老师是外省市引进的，很有水平，以为进华中学社会知名度高，还怕家长不听？我就介绍进华办学历史，进华学生家长是进华取得辉煌成绩的后援团，他们有无穷智慧，只有虚心听取意见，他们才会不断出主意提建议。这位老师听了觉得有道理。

进华办学质量稳步前进，主要靠教师团队。在配备师资力量上，学校尤其重视，可以说实力雄厚。学校利用民办学校用人机制灵活的优势，打破学校“围墙”，优化教师队伍，实现中学教师、高校教师的学科延伸性组合；学校教师与校外专家、教师的综合交叉性组合；专职教师与兼职教师的优势互补性组合；老年教师与青年教师帮教性组合。经过了这几年的努力，学校的师资队伍在质量上有了明显的提高，中学高级教师达到60%以上，并有一部分学科带头人和负责学生个性发展教学的优秀教师。由于师资队伍的不断提高，形成了团队精神，这就保证了我们的办学质量。

担任教学教改实验班提高课的，除了大学教授等经验丰富的老教师外，还有一批精力充沛的年轻专职教师，他们有的在学生时期就是数学与物理竞赛的优胜者，被大家称为“运动员出身的教练员”。多年来，他们不断探索个性化教学的方法与途径，收集了大量国内外的信息与材料，输入电脑进行分析与研究。他们上课深入浅出，不仅能吸引学生，而且培养了学生的浓厚兴趣，还成了不少优秀学生的知心哥哥（姐姐）。这些才华横溢及热爱教育事业的青年教师的加盟，无疑是我校师资队伍的生力军。现在进华教师队伍正处于新旧交替的转换期，老教师“传帮带”的任务很重，我很尊重老教师，善待他们，让他们愉快地、全身心地加速青年教师的迅速成长。

人们注意到我们进华中学连续六年都出版《成长的足迹》，现在已经出了六本。我们着意培养奋进的学生团队。

“进华究竟带给你什么？”这是许多进华学生经常被问的问题。他们的回答几乎如出一辙。“在进华，有一种浓浓的学习与竞争氛围，这是学校独有的风景。”已升入中国人民大学附中的袁融滔滔不绝地细数在进华的感受：“进华的竞争和一般学校可不同，其他学校可能只是几个同学的个体行为，而进华是全体同学的集体行为。个体行为容易产生孤立，产生单兵作战后的不合群；而全员参与，大家都站在同一条起跑线上，前面的机会很多，通过合作、切磋，融洽的是彼此的感情，沟通的是大家的智慧。个体行为的学习与竞争会导致成功了遭来嫉妒，失败了独品苦涩；而全员的学习与竞争带来的好处是，成功了大家一起分享，失败了大家一起分析原因、相互鼓励，这样说不定今天你成功，明天我成功。那有多快乐!”

这种感觉真是“接天连叶无穷碧，映日荷花别样红”！可以说，获得了成功，同学们深知这是团队的功劳，自己的经验应该拿出来分享；遭遇了失败，同学们理解不以成败论英雄，关键是从失败中吸取什么；要靠题海战取胜，并非聪明之举，要学会自己寻找规律、掌握方法，再加上老师的点拨，就能看到成功；更重要的是一种心态，一份自信。

2004 年暑假，一位被视作“天才少年”的初三毕业生胡一在接到中考成绩单后，参加高考又以高分被中国科技大学少年班录取。有人说他代表了进华中学的1%。胡一这个有点调皮、乐天的小男孩，经常抱着本字典，用里面的难字考别人，“上课的时候，他总喜欢出一些新颖艰深的‘奇怪问题’考老师，有时候甚至让老师下不了台”。在进华中学，胡一是最为特殊的学生，也是少数的天才学生之一。对于这样的孩子，学校因材施教，破例允许他可以不做学校布置的作业，可以在课堂上自己看书，给予了他最为宽松的学习环境，促进了他的成长。这样的做法并不令人奇怪，因为学校对于学生的培养有着明确的目标。我校初中数学教改实验班毕业的龚墨与张成等同学，刚进高中不到半年，参加高三年级的“高中全国数学联赛”，就获得一等奖，他们也是这次比赛中全上海仅有的两名获一等奖的高一学生。这在上海引起不小的震动。与他们初中同班的汪野、浦月同学也获三等奖，汪野还获高中信息学竞赛一等奖。他们都参加了 2004 年国家集训队办的冬令营的旁听，接受进一步的培训。这些都说明在我校初中经过这几年的培养，他们都具备了优秀的数学潜质，他们出色的自学能力是日后成功的保证。

教师团队、学生团队和家长团队，正像“世纪宝鼎”一样，是我们进华中学的“镇校之宝”。

笔者：我也仔细翻了进华中学提交国际和跨地区鉴证委员会的校本研究报告和他们的鉴定意见，今后学校如何与时俱进？

陈国强：国际和跨地区鉴证委员会的鉴定评价很客观，也指明了努力方向。从学科上说，数学“龙头效应”明显，英语与语文相对于数学这颗明珠自然要逊色一些，所以这几年已经加强了研究。从学生层次上说，高层次获奖的毕竟是少数，大部分还是中游状态的。提高民族素质，应该对大多数学生重点关注。

我们进行了英语学习的有效性研究。就目前我国英语教学的现状而言，初中阶段的英语学习对初学者来说格外重要，但由于种种原因造成了初中学英语的潜力得不到充分的发挥，而另一方面每年又有相当数量的学生在英语学习方面困难重重。面对这一现实，有两种倾向特别令人关注。一种倾向是沿用传统的方法，以语法为主线贯穿课文的讲解。这种方法存在着严重的不合理性，它把本来结构有序的语法体系割裂得支离破碎，分散在初中阶段一百多篇课文中，学习者难以利用语法规则间的种种联系进行举一反三、触类旁通的学习，以达到快速认知和理解的效果。这种教学方法耗费了大量时间，但其结果则往往是学习效率低下。不仅如此，语法结构学习的滞后，也严重妨碍了初中阶段学生听、说、读、写等能力的快速发展。另一种倾向则是强调扩大词汇量，一味追求听、说领先。语言的学习，强调交际功能这无可非议。用这种方法来教经过层层选拔、学习动机较强的学生也无疑会产生令人振奋的教学结果，但实际情况是在绝大多数中等学校，众多的任课教师本身不具备良好的听说能力，难以真正达到发展学生交际能力的目的。此外，由于学生学习负担沉重，能用于英语学习的时间十分有限，再加上课堂之外也没有运用所学的环境，其结果是大量词汇的累积并无用武之地，反而增加了记忆负担。另一方面，由于这种教学方法忽视语法知识的学习，使学生在英语学习过程中困惑不断增多，最终由于应试能力差且得不到正确的学习指导，迷失了英语学习的方向。

为了避免上述两种情况给学生在英语学习方面带来的负面影响，提高学生学习英语的效率，进华中学与华东师大教科院、课程与教学系的有关研究人员合作，共同探索初中阶段英语教学的突破口，以期全面提高学生听、说、读、写的各种能力。其主要策略是：在学生已熟悉和掌握一定词汇和基本句型的基础上，结合教材的学习，在一年左右的时间里以抓住概貌、提示内在规律、提高运用能力入手，相对集中、超前地学习初中英语语法知识。

三年的实践证明，语法知识的学习和掌握，在初中英语学习阶段是必要的。在考试制度没有本质上的改变、学生学习负担普遍繁重的情况下，探索英语教学的突破口，提高学习的有效性，科学地“提速”才是“减负”的一个良策。采用语法知识相对集中的教学策略，仅仅是目前初中英语教学条件下所做的一种尝试。通过这种尝试，我们可以重新审视和评价语法知识的学习在初中阶段英语教学中的地位和作用，也可以为教材的改革和编写提供更充分的依据。

语文课程改革方兴未艾，我们在本文开头已经讨论过，方向已明确，拭目以待吧！

笔者：我发现您很重视教育科研的行动研究。在您的教育研究论文和著作中，给我心头一震的是那本您策划并主编的上海交通大学出版社出版的《社会主义荣辱观百图解》，您是出于什么样的考虑？

陈国强：我们访谈的话题是“熔铸学生发展的基础品格”，我的办学理想是培养“像模像样”的人。像模像样，似乎看其“形”，实际是“神”，是未来接班人的人格品质，是他们的文化素质，是他们的道德品质。我坚信学校是塑造人的熔炉，中学是关键时段，初中是关键的关键。你可以从六本《成长的足迹》里看到，他们感激学校培养了他们，他们进了几所著名高中，几年后升大学又是清华、北大、交大、复旦，甚至剑桥、哈佛，确实“像模像样”，堂堂正正的中国人，满腹经纶的文明人。我们未成年人思想道德建设应该这样“像模像样”。于是想到了“百图解”的通俗做法，选取历史和现实生活中一些典型的、人们熟悉的例子和现象，生动形象地告诉读者，在我们的社会主义社会里，是非、善恶、美丑的界线绝对不能混淆，坚持什么、反对什么，倡导什么、抵制什么，都必须旗帜鲜明，有利于帮助学生们理解社会主义荣辱观的深刻含义。这本图书出版后，学生刊物《校园生活》进行连载，受到学生欢迎。

笔者：陈校长，有个挺私秘的问题，有次上级发给您的奖金您没领，而是奖给其他老师，是真的吗？

陈国强：这件事情是真的。初三的数学成绩突出，获了奖。上级为此颁奖给初三相关老师，还特地指明发给校长的数字，几万元。领导的考虑有其理由，因为我这个校长关注数学，在学科中有龙头老大地位，算是“伯乐奖”的味道吧。不过，初三数学有成绩奖励了，但其成绩应追寻根源，于是我把奖我的几万元分别奖给上游的相关老师，我也不是乱奖的，这就是我常说的管理中的细节。

笔者：说到细节，我倒要问您几个“细节”：教师食堂里有块小黑板，上面写着老师生日的特殊礼品；12 月 23 日全校教师开会，讨论如何上好每一堂课，您让办公室同志每人分发两包花生米；前星期您在医院开刀，从手术台上下来不是回家而是直奔学校参加一个会议，这些“细节”您是如何考虑的呢？

陈国强：你的采访细节倒是触及我管理学校的原点想法。在我进华中学工作的 138 位教工同志，人事关系档案大多不在我这儿，维系的纽带是感情，他们为进华的发展倾注心血，他们的生日记在我心，这个感恩之细节，是我当校长的责任。12 月 23 日开会讨论如何上好每一堂课，“温馨冬至夜”，花生是“长生果”，我这五大三粗的校长送这点“温馨”似乎反差太大，你有点惊讶？

一个人生病无法预料，我的病要动个小手术，但那个陶艺课题是国家级课题，我是这个课题的主要负责人，北京的同志也来了，两件事这么巧碰到一起了，我只有从手术台下来奔学校会场。这种“巧事”，上次 CITA 评估组也注意到了，在评估时有句话这样写，说我是“有魅力、魄力、能力的校长”，实不敢当，但我作为努力方向。

笔者：陈校长，您还是上海市民办中小学协会副会长，据说，现在民办学校碰到许多困难，能透露一些吗？

陈国强：民办学校生存状态确实令人担忧，有的学校举步维艰甚至关闭。教师队伍老化，由于编制额度原因，优秀青年教师的引进和培养困难重重，尽管有《民办教育促进法》的保障，但离与公办学校同等待遇还有许多路要走。这些困难并不是民办教育的灵活机制所能解决得了的。在这个问题上香港地区对民办学校的扶持措施值得借鉴，特别是国民教育的生均经费的划拨是合理的，国内也有以购买服务的方式进行，这不失为明智之举……

进华中学办学不过十余年，是年轻的。因为她的起点高，校长陈国强既有华东师大二附中“金牌精神”的思想元素，又在民办教育机制熔炉中磨炼，锻炼成一块“合金钢”，既坚挺，又温馨，成为魅力四射的好校长。

从书生到校长

——一个理想主义者的求索之路

20 岁时，他登上讲台，第一份工作和初恋有关；“文化大革命”时因“莫须有”的罪名身陷囹圄，他绝食要求读书；在应试压力最凶猛的时期，他“顶风”摸索教育改革，带学生游山玩水，办刊物，搞论文答辩；54 岁时，他在中语会上语出惊人，人送诨号“五四青年”。他屡次批评高考命题，出版《重批高考满分作文》，被语文教育界称为“叛徒”，却一直相信自己在坚守教育的正道。70 岁时，他接受了新的挑战，第一次做了一校之长。这是一位充满传奇色彩的教育人物，他是黄玉峰，他的人生将在这里走上新的征程……

人之初

笔者：小时候您是怎样的孩子？

黄玉峰：我小的时候，其实很顽皮，常常恶作剧，和人打过架。“忆年十五心尚孩，健如黄犊走复来。”一次还突发奇想，把山庄的一个石狮子偷回家，给母亲压咸菜，结果被骂了一顿。

但有一点，虽然顽皮，却一直喜欢帮助别人。那时候没有快递员，有邮包要跑去很远的地方领取，来回甚是不便。每当有邻居收到邮包单，我就自告奋勇去拿，每次都跑得满头大汗。回到家母亲就埋怨：“他们自家有大人，你干什么吃饱了去给他们跑腿？”我却乐此不疲，总觉得很有一种满足感。好像实现了自己的价值：认得这么远的路，还能把那么重的东西背回来——很厉害，很光彩。只要能够做自己觉得有意义的事，就感到无比的快乐——那年我十岁。

这种天性，也说不清来自哪里，也许是环境。那时候家里的条件还可以，虽然说不上富裕，至少是衣食无忧。家人的心境比较平和、善良。记得有一年，父亲带我去吃面。那时候，在店里吃一顿面条，也算得一种奢侈。在店里遇上一个乞丐，父亲就把自己一大碗几乎没动过的面，给了那人，我在旁边看到了。这种潜移默化的影响，也就是“身教”，让我感觉到善良是在举手投足间，自然而然的。

另一个对我产生影响的，是小学的班主任顾家洁老师。那时候我所在的班级本是闸北区小学里出了名的乱班。顾老师从四年级开始接我们班，她当时 30 岁左右，穿一件月白的短袖旗袍。她漂亮、温柔，脸上总是荡漾着甜甜的笑。一上讲台，便像一轮明月升起，她的美镇住了我们。有一次我为了争夺一只蟋蟀，被一个大同学打得头破血流。顾老师没有责备训斥，只是微笑着给我包扎、擦洗。面对她美丽的眼睛、洁白的毛巾，我感到不安和羞涩。从此以后我竟注意起清洁来，打架也少了。一次在课上，我不知不觉在白纸上勾画起她的曲线，被察觉了。我不安地交出自己的“大作”，结果却是，从此班级里的每期黑板报上都有了我的“专栏”。再后来，我的书画作品第一次在校园里展出；我第一次独自看完了厚厚的科幻小说；第一次懂得去探望病人……和顾老师在一起的三年里我完全变了样。拿到中学录取通知书的那天，顾老师送给我一支黑色的粗粗的博士铱金笔。而我画了一张风景画送给她，画面上是一个宁静的夜晚，上有一轮皎洁的明月。

遇贵人

笔者：那您后来是怎样走上读书做学问的这条道路的，有启蒙者吗？

黄玉峰：在我浑浑噩噩的少年时代，先后幸运地遇到了几位启蒙老师，他们是我命中的贵人。

十岁时，我家附近有一位住在茅屋里的邻居，是个孤老。平时在邮局门口代人写信，春节里在银行门口设摊写春联。家里除了一桌、一凳、一床、一箱和几本书，几乎一无所有。可就是他使我对诗歌古文产生了兴趣。在茅屋中，他给我讲过“蒹葭苍苍，白露为霜”，给我讲过“郑伯克段于鄢”，给我讲过“大江东去”，也给我讲过“红了樱桃，绿了芭蕉”。他大概已很久没机会给人讲课了，他讲得那么投入，那么激动，热泪盈眶，旁若无人。也许他在发泄积压已久的内心的苦楚。茅屋梁柱上的灰尘，也被他的声音震得簌簌而下。他是一个谦谦君子，虽然满头白发，虽然旧衣烂衫，却风骨不凡。我的耳畔至今还常常回荡着他的吟咏声。

见我有兴趣，他便教我写字、画画。也许只是为了驱散心头的寂寞，他教得很认真，有时把住我的手写。他给我讲顾恺之的《洛神赋图》，给我讲王羲之的《兰亭集序》，给我讲阎立本的《步辇图》，还给我讲黄宾虹的《夜山图》，吴湖帆的青绿山水。他还告诉我，自己与这些大家有过来往，他从古到今，无所不晓。我那干涸的心灵，似乎承受了一场霖雨。

就这样，我开始爱上了书法、国画、诗歌和篆刻，我的课余时间几乎全被它占了。一到休息天就跑书店，跑图书馆，看展览会。我几乎天天写诗，胡乱写一百多首，还编了一本诗集，名为《歧羊集》。因为当时老师批评我，不让我写这些东西，我自己感到迷茫，如歧途亡羊，自刻了一方印，曰“歧羊斋”。后来全被抄走了。

有一次，我在广东路古玩店看到一幅画，画面上只有一朵含苞待放的莲花，上面题了一行字，曰：“明月欲圆光难铸”。下面的落款为“苦铁”。我不知道苦铁是谁，也不明白这句诗的意思，明明画面上没有月亮，怎么写月亮诗？但只是觉得画面特别美。回去问他，他告诉我“苦铁”是国画大师吴昌硕的号，这句诗的意思是说，十四的月亮是最明亮的，但即使十四的月亮映照，也难以铸造出这美丽的莲花。这句诗是引你联想月下的荷塘。他问我这画卖多少钱？我说五元。他说，如果你父亲肯的话，你可以买下来。我问，会不会是假的，他说，不会。我向父亲要了钱，第二天赶到广东路，这画已被人买走了。我看到边上有“俞曲园”写的隶书对联，特别喜欢。况且我知道俞曲园是鲁迅的老师章太炎先生的老师，于是决定买下来。可惜这幅对子在搬家时遗失了。我只记得那上面的几个字：香、国、上。我现在写隶书时，常常会出现这几个字的用笔方法和结体。

这位孤老在“文化大革命”中死去了，我至今不知道他的名字，只知道他姓米，管他叫米老师，我母亲说，刚解放时，米老师给她们扫过盲。

初中时，我常去福州路一带的书肆笔铺闲逛，结果又得遇贵人。一天在河南路的“周虎臣”笔庄里，看到一位老先生在买笔，他在阳光下看一看，再把笔捏扁。我看得好玩。他看我有兴趣，就跟我讲，挑笔要挑有弹性的，透光看是检查有没有杂质，笔锋是不是齐整。他又把店里马公愚写的“呈功学海”的隶书匾额指给我看。从此每逢周六晚上，我便去他家学字。他从不收我一分钱。他也是个孤老，住在天津路一幢大楼的二楼过道夹缝里。他写得一手极工整的考科举用的馆阁体，像印出来一样——现在看来是写得太呆板了——他教我教得很认真，我学得也很刻苦。今天，我能写同龄人中少见的小楷，不能不感谢他。

教我画画的，是一位少年宫国画老师，叫郑洪。1949 年以前他在上海城隍庙画扇子。擅画龙虎，风从虎，云从龙。他把自己的书斋命名为“风云阁”，当时在城隍庙卖画要站住脚是不容易的，他实在有些真功夫。郑老师是一个极和善、极可亲的老人，戴着金线边眼镜，出门总是衣冠整齐，用风度翩翩来形容实在是不够的。他是不厌其烦地一张一张地给我画“课徒稿”，还常叫我陪他去看画展。虎年龙年时，我很想为他出一本专集，可惜，他的画几乎没有留存。

直到现在，我对画的兴趣都没有减弱，凡有画展，总要设法前往的。

遇到这些老师，是缘。那时候东走西看，对文化和文化人产生了爱慕之情是自然的。人和人之间的这种缘分、羁绊和互相的影响，是最妙的。因为这些人的影响，我自小就感觉，老师是个无比有意思的职业，可以给别人很多很多一生受用不尽的财富。我选择在教育事业上投入这一生，现在想来也是因缘的必然。

从教缘

笔者：您可以说教了一辈子的书，最初究竟是什么促使你走上教育事业这条路的呢？

黄玉峰：这个问题，也许大家期待有个高大全的答案，可惜没有。佛家讲因果，其实很多事情，最开始的因，与其说是多么高尚远大，为了人民祖国之类，还不如说是“命”。

还记得当初年轻气盛，高考的时候一心要考复旦新闻系，做记者。父亲劝我不要填，说他们不会录取我们这样家庭出身的人。我不听，最后果然落榜。当时去读师范，是在落榜的打击之下，心情是无奈又沉重的。

1967 年冬天的某一日，我背着简单的行李，来到上海西南角的天马公社，那天天气阴沉沉的，仿佛要下雪。汽车停在天马山脚下，我问过路的一个老农，到公社教委怎么走？他说：沿着这条河走十来分钟就到了。于是我便沿着河走。我走得很慢，走了很久，才看见“天马公社革命委员会”几个大字。我走进了红漆大门，一个老人透过眼镜的边框，接待了我——我的教育生涯就从此开始了。

我是从教育学院被分配到郊区的，当时这所学校的大部分学生都留在市区。我是毕业分配小组的成员，算有一点小权，却把自己分到了市郊。照我的家庭情况看，我是不该去郊区的。我的一个姐姐在奉贤农场，一个妹妹在家乡绍兴落户了，我完全有资格留在上海。这倒并非因为我“思想好”，恰恰是因为我“思想不好”。当时我很喜欢一个同班的女生，她的条件只能去郊区。毕分组要把她分下去，我为之力争。组里掌权的同学何某、方某似乎知道我与她的关系，便开玩笑地说：“你要她留市区很容易，只要你自己到郊区去，腾出一个名额就行了。”我说：“那我就下去吧。”于是，我真的下去了，分到了天马。

后来的故事是，我们并没有发展感情。九个月后，我因为“文字狱”被定性为“反革命”，坐了牢。被释放时，我已经无脸去见她了。不久，她突然打电话告诉我她要结婚了。于是我送去了自己手书的诗词条幅作为贺礼，从此分道扬镳。

然而我的教书生涯就在这样的不顺利中展开了。最初是在一个叫徐庄的乡下教书。学校是地主家的一间小楼房，上面是办公室，下面做教室。我教的是复式班。所谓复式班，就是同时教两个年级的学生，而且是坐在一个教室里。那时我不但教语文，而且教外语，还教数学，甚至还带过音乐课、体育课。我教的是初中和小学二三年级的学生。

没过多久，我就入狱了。这场劫难之后，我被调到松江少体校，在少体校一条走廊尽头隔出的 3 平方米的屋子里，整整生活了十年。我给那隔离出来的小天地取名为“有不为斋”。在那寂寞的日子里，我读了好多书，还常常练字，有时还有闲情画画。后来我被调到松江二中，最后到了复旦附中。这是命运的又一大转折点。为我调到复旦附中的事，姜拱绅校长几度修书给松江教育局的领导，又亲自驱车去松江面谈。最后“两个换一个”把我换了过来。

那一年，我 40 岁。记得当时姜校长吩咐我“黄玉峰啊，你要为复旦附中工作二十年哦”，我在 66 岁正式退休，再返聘继续教书，再到复旦五浦汇，继续传播复旦薪火，已经有三十年了。

教改路

笔者：你是怎么想到进行教改的?

黄玉峰：我的教改起步可以追溯到 1985 年。当时应试教育并没有现在那么厉害，市面上还没有一本“教辅书”，但教学内容却很僵化。教的是杨朔、秦牧、碧野、魏巍等作家的文章，报刊杂志上的社论、领袖的讲话、诗歌也大多是毛泽东的，古文、古诗很少，外国作品更是凤毛麟角。我深深地感到悲哀，于是在课堂上增加了书本上没有的东西。有古诗词，有先秦散文，有外国的散文小说，还挤出空隙给他们讲美学。当时我正在读一些美学著作，自己也似懂非懂，便临时贩卖，记得还遭来校领导和学生的反对，说我是不务正业。

到了复旦附中后，起先几年我只是“循规蹈矩”地教书，但同样感到教材的陈旧、教法的僵化。随着应试教育的愈演愈烈，我改革的内在驱动力也越来越强烈了。我觉得那种标准化习题，似是而非的、没完没了的分析，故弄玄虚、故作高深的讲解，大半是在骗人。经过几个星期苦战，我写了一篇七千多字的文章《还我琅琅书声》，提出“读书人要读书”的口号，这就好比吃饭，整整十二年，可怜我们的孩子天天在分析研究如何“吃饭”，分析“饭”里有什么营养成分，可就是没有真的吃上几口，无怪乎到头来个个面黄肌瘦，营养不良。这篇文章欲寻发表的地方却到处碰壁，直到1992年12月，终于在上海《语文学习》上发表了，虽然被删为三千字。从这时起，我的语文教学改革正式启动了。

语文教学的改革，首先是教材。一旦挣脱了思想束缚，打开了眼界，便会发现古今中外好的作品实在太多了。课本的养料远远不够学生的需求，我删掉了很多“庸文”“照顾文”，而增加了大量新篇目，无论文史哲还是科技文，凡适合我们的都在被选之列。《论语》《孟子》《庄子》，房龙的《人类的故事》，麦基的《思想家》，黄仁宇的《万历十五年》，鲁迅的《文化偏至论》、冯友兰的《中国哲学简史》，马克思的《共产党宣言》，甚至刚发表的报刊文章，都进入我们的课堂。我们还自编教材，自开篇目书目。同学们的视野一下子打开了。

其次是改革教法。我的教法没任何理论新意。如果要说什么流派，那就叫“归真返璞派”。正如龚定庵说的“何敢自矜医国手，药方只贩古时丹”。

最重要的是强调积累的硬功夫。有人把反复诵读诬为“死记硬背”加以否定，殊不知，学语文“死记硬背”是基本功。“诵读”才能出“语感”。读书应该是语文课的主要内容。学语文就是要诵读经典，要做到全文背诵。也就是犹太人所谓的“生吞之功”。高质量的“死记硬背”要比喋喋不休、装模作样的分析不知要好多少倍！

我要求学生从《诗经》《离骚》《论语》《大学》一直背到《滕王阁序》《赤壁赋》和明人小品，积累了一定的量，学生忽然会有“融会贯通”之感。在精读的基础上博览，两个星期一本，一个星期一本，甚至一两天一本书。不出两个学期，同学的人文素质突飞猛进。

在大量积累的基础之上，为了开拓学生的眼界，我用了“走出去”和“请进来”结合的办法。凡有利于学生人文素质提高的，我都尝试着去做。听讲座，泡图书馆，看展览，赏文物，任记者，编刊物，做讲演，出专刊，练书法，学篆刻，看戏剧，演小品，逛书市，游天下，凡是我能做到的，都尽可能去做。

当同学们渐渐有了独立思考的精神，我又请来各界学者、专家，开设“附中讲堂”。北大的钱理群，上大的戴厚英，复旦的骆玉明、陈尚君、王德峰等教授，都来过附中的课堂。有幸的是，我的改革尝试还曾得到复旦大学苏步青校长的关心和支持。苏老的孙女苏霖是我班的学生，我以家访为由头曾多次登门造访。他告诉我他自己的学习过程，鼓励我不但要自己实验，而且要为语文教学“大喊大叫”。于是我开始慢慢尝试把“大语文”拓出校园，推向社会。

最初是在文汇报《教育园地》和新民晚报的教育板块《桃李芬芳》开专栏，写了八年评论高考的文章。每次考试一结束，就要自己骑自行车到虎丘路的报社送稿子去，现在想想挺有趣的。

后来，又担任教育电视台《诗情画意》的总策划、总撰稿，几乎每周要写五六篇稿子，总共写了五百多期。慢慢还客串了《文化中国》嘉宾，讲了《说科举》《说李白》《说杜甫》《说苏轼》等节目。一些书也慢慢地编写出来，有“阿爸教”系列，普及人文和科技知识，包括《阿爸教写作》《阿爸教读书》《阿爸教做人》《阿爸教现代科技》。其中的《阿爸教现代科技》，得到了复旦大学校长谢希德的首肯并出任顾问，主动为之写序言，亲自进行校订，这个系列后来由复旦大学出版社出版。

尤其是《阿爸教做人》这本书，早在20世纪90年代就提出了教育的根本目的是“人”，现在想来是有意义的。为了让学生对优质的文章读物有一个方向，跟钱理群一起编《新语文读本》和《新语文写作》系列。我对人生教育的感悟和探索，则写进了《“人”是怎么不见的》和《教学生活得像个人》这些书中。

从“教育改革”到“真语文”再到“大语文”的过程，如今做校长，回头来看过去的积累都是宝贵的资源。

叛逆者

笔者：听说您有一个雅号“五四青年”？

黄玉峰：全国中语会召开，我应邀作为代表参加。台上一个接一个的歌功颂德的声音："语文教改的成绩是主要的，看得见摸得着，辉煌成就是谁也无法抹杀的！"听着听着，我再也坐不住了。连递纸条要求发言，都不被理睬，终于在大会即将结束时，我冲上台去，抢过话筒，做了五分钟的发言。我列举事实说明问题的严重："面对语文教育如此多的问题，我们居然还有脸说'辉煌成就'！不，我们每天都在坑害我们的学生！我们……"这次发言引起了会场一阵骚动和混乱，有人试图阻止，可是更多人却说"让他讲完"。皇帝终究是没有穿衣服的，所有人心知肚明。最后大家对这疾风骤雨一般的"牢骚"报以热烈的掌声。

那一年我已经54岁了，也许是因为发言时的那种气势，也许是因为坐席距离比较远，我居然被很多代表当作了年轻人。会后，李镇西先生送我一个雅号："五四青年"。五四者，五十四岁之谓也。经此一事，"五四青年"的名号渐渐传开。再后来，中国青年报的一位记者冯玥听到传闻，到班上采访了一段时间，写出了一篇报道，登了一整版，叫《语文教学的"叛徒"》。于是"叛徒"的诨名也不胫而走。

时间一晃而过，在十几年后，当年的一代学生已经步入中年，为人父母。可是，我们的语文教育却无甚改观。喊了几十年的教改屡教不改。2008年，得复旦大学社会研究院邓正来院长之邀，我做了一个关于基础教育的报告，题为"人是怎么不见的"。在一群天之骄子面前，我说："教育的最终目的，是让人自由生长，是让人性升华，是要让人幸福快乐，而我们的教育却给人带来痛苦，我们的教育是不是出了问题?"

台下鸦雀无声，大学生们静静地听着。他们也是应试教育过来的，深受其害，心中自然有数。

这报告中，我提出现在有五根绳索捆绑着孩子，让他们无法成人。功利主义，专制主义，科学主义，训练主义，技术主义，这五条绳索，把孩子绑的喘不过气来。"人"不见了，教育被迫在"聪明的精神病患者与具有良好适应能力的笨蛋"之间做出选择。

后来，这次报告在舆论上很是引起了一番反响，讲稿被传到网上引来许多共鸣。

当时我的心中有一种预感，越来越多的人认识到问题，也许这就是转机的开始。

疑鲁迅

笔者：作为鲁迅的同乡，您为什么走向质疑鲁迅的道路上？

黄玉峰：质疑鲁迅的过程，是我的思想最大的一个转折。看起来只是对一个历史人物的看法的改变，其实却是对自己灵魂的一次最深的解剖。

瞿秋白说他是喝兽奶长大的；我说我是喝鲁迅的奶长大的。我出生的地方在绍兴鉴湖街，距离鲁迅先生的三味书屋只有五里路。在监狱里，精神最饥渴的时候，我曾以绝食要求读鲁迅文集而不得。出狱后在农场劳改的日子里，支持我的是鲁迅的“横眉冷对千夫指，俯首甘为孺子牛”的精神。

1991 年是鲁迅诞辰 110 周年，那时候我才到复旦附中不久，在礼堂做了一个报告，叫《伟大而痛苦的灵魂》。在我讲完后，很多人成为了鲁迅的粉丝，掀起一股鲁迅热。我自己作为粉丝之一，也刻过一个图章“鲁迅同乡”，以此自傲。

提起这些，我是想说，从崇拜鲁迅到质疑鲁迅，对于我来说绝不是一时兴起的冲动。不管我的想法是不是对，是否过火，我既然开始了思考，就不能沉默。但希望能开风气之先，破一破这被鲁迅自己以及后人层层垒砌的桎梏，让人去读原著，用自己的大脑去思考，而不是如梦呓般人云亦云，就足够了。

我对鲁迅的怀疑，大约开始于 2000 年。有一次读林语堂日记，无意中看到鲁迅与他的学生北新书局的人吃酒，为了讨还稿费而大闹，但对并不知情的林语堂，他也一并拍案骂他。林是个晚辈啊，吓得他在日记里直记了鲁迅“有神经病”。

鲁迅的文章被称为“匕首”和“投枪”，实际上这并不是一种歌颂和赞美。过去用文章来整人的人被叫作“刀笔吏”，这一套是绍兴师爷拿手的招数。先扣上一个大帽子，直接贴上一个负面印象的标签。“文化大革命”的时候，我们不是早就深有体会吗？把人分成“人民”和“敌人”。一个黑五类的身份就能把人打成“贱民”。

鲁迅的文章之所以是“匕首”，往往不是因为符合逻辑，言之有据，也不是因为只有他的文章才代表社会发展正面的方向，而是因为他的文章惯于使用煽动情绪、贴标签来污名化自己对手的手段。他给人起很多绰号，比如厦门大学时期的同人顾颉刚，因为有个酒糟鼻，鲁迅私下提起他，从不称名，总唤作“红鼻”，或者“鼻”，有时干脆就画一个鼻子的符号替代。蔡元培因为清朝时做过翰林，就被起了个“太史”的绰号。更不用提把梁实秋叫作“丧家的资本家的走狗”，把施蛰存干脆叫“洋场恶少”。这些人，绝不是什么反动的、需要斗争的对象。遭此讥讽，不过是因为鲁迅看他们不顺眼而已。

鲁迅对妻子朱安的态度，也很能说明问题。鲁迅的日记，向来只是记账，一日却添了一笔“下午得妇来书，颇缪”。这个“妇”指的是鲁迅的原配朱安夫人，他给同在绍兴的日本弟媳妇写了很多信，甚至有十几封单独的通信，却从不写一封给自己的原配，连附一张纸条也没有！鲁迅对好友许寿裳说：“这是母亲给我的一件礼物，我只能好好地供养它，爱情是我所不知道的。”而在许广平面前，他又这样开脱：“当时正在革命时代，以为自己死无定期，母亲愿意有个人陪伴，也就随她去了。”一个女子的一生，就这样随她去了。

鲁迅的言行，影响着我们几代人，他从恨出发，而不是从爱出发，批判所谓国民性，给我们民族造成了极大的危害，我觉得自己有责任，还其真面目。

清代文学家袁枚有一联：“双眼自将秋水洗，一生不被古人欺。”对于过去宣传的、我们崇拜过的许多的人物，渐渐地都看清了。但鲁迅是很多人还没有看清楚的。我今天质疑鲁迅，不敢说自己说的都对，但希望能鼓励更多的人，花时间自己去读一手的资料，用自己的头脑去思考。在这样一个信息网络化的时代，这是完全有可能的事情。

校长心

笔者：*您是如何从教师走向校长岗位，又如何适应这种转变？*

黄玉峰：我感觉自己来到青浦，是命中注定的。四十八年前，当我还在松江劳动的时候，附近有一个泖湖，很宽，50 米左右。我很喜欢游泳，那时常常劳动后就去游泳。有一次，我一口气游到了对岸。问当地人才知道，那里的对岸叫作“练塘”，正是属于青浦的辖属。现在回过头来看，青年时代的我，无意中和青浦结下了奇缘。

古稀之年，这段奇缘突然开花结果了。当复旦附中的郑方贤校长问我，是不是愿意到青浦，到这所复旦旗下的民办学校做校长时，我立刻答应了下来。过去从没做过干部，突然要去创业做校长，真是新鲜事。我感觉又回到了青年时代，又开始了新的一段人生和事业。

从教四十八年，终于有了一块真正完全属于自己的教育园地。我在心中立下一个志愿：我要把复旦五浦汇实验学校，变成一个孩子的乐园，社会的净土，基教的福地，精英的摇篮。

我在心中做好了准备：要实现一些心里的想法，总要有付出，也就意味着放弃“退休”和“清闲”。我前所未有地忙碌了起来。

暑假里，我做了两件事。第一件是给学校第一届的每一个学生都写上一封毛笔亲笔信。写这些信，我花了半个多月时间，一封一封，或工楷或行书，一共是 160 封。让每位学生在开学前夕都收到这份带着墨香的礼物。据说，犹太人有一个习俗，会在孩子刚懂事的时候，在《圣经》上面滴上一滴蜂蜜，让孩子去亲吻，就能尝到蜂蜜的甜味。这样让孩子留下一个初始印象：书是甜的。我也希望用这种形式，让孩子们定下亲近人文的“底色”：我们到学校来是要读书的，而读书是快乐的。

另一件事，是为学校立下规矩。孔子说：“道之以德，齐之以礼，有耻且格。”“不学礼，无以立。”所谓的礼，是对每一个人行为的约束，是保证社会和谐的基本规则和润滑剂。在暑假里，我写下了一部六七万字的《校礼》（草案）。小到传达室、后勤部门怎样负责接待，大到教师培养、导师制如何健全完善，以及每门学科的学习特点，乃至学生平时一举一动、一言一行都定了严格的“礼”，确保每个部门都有明文规范。礼法不外乎人情。礼是德的外显，也是仁义的实践。我想，即使一个传达室，也要有礼，它是学校的门面，接待来宾家长，彬彬有礼，使人感到温馨。

想到孩子都是十一二岁的预备班学生，厚厚的《校礼》要变成简单、精炼、朗朗上口的形式才能便于他们记忆。我又写下一篇《复旦五浦汇校礼三字经》：“旦复旦，光华被。五浦汇，灵秀集……先做人，后学文，善自省，好亲仁……五浦人，尊校礼。循规矩，懂道理。济天下，先律己。成功日，同欢喜……”长达千字的《校礼三字经》，包括了行为规范、学科方法、饮食起居、爱国爱校等各个方面，如今每个学生已背得滚瓜烂熟。

古人教化，常常是“礼乐”并称。礼就是需要通过“乐”的形式，让孩子们从小浸润。

在学校的管理上，我着力于两点。一是靠完善的规章制度，即“礼”。二是靠“人心”。“人心”的管理在于校长的人格魅力，以身作则和对教职工的关心。

五浦汇的教师团队很年轻，90%以上都是刚入职的年轻教师。他们是一支充满活力、有激情、有想法的团队，他们容易和孩子打成一片，也善于接受新的思想。我深知，他们是学校的血肉。作为校长，我要做他们坚实的后盾，支持他们的发展和成长，千方百计激发他们的积极性。让教师觉得有奔头，必然是把学校办好的关键。

于是开学没多久，我做了两件“不可思议”的事。第一桩是在开学典礼上，为以示庄重，并让人们永远记住9月28日孔子诞生的这一天，我从自己的私人积蓄中拿出5万元，给每个教职工发了一个红包。红包发下去了，大家在震惊之余明白了一件事：黄校长来这里，只有一个目的，就是真心想把学校办好，为了这个目标，什么都是可以付出的。

另一件事就更让他们惊讶了。我们有一位青年数学教师，入职不久，住在学校的宿舍里，未婚妻常常来陪伴他，帮他批作业。他很努力，未婚妻也很支持他。但有一些思想保守的同事议论起来，认为他在学校的宿舍里留宿女友，很是不妥。看得出小夫妻很想另外租房，可事业刚起步，财力难免不济。我看在眼里，一天把他叫来办公室，交给他一把钥匙，说："这是校董事会为我在学校旁边准备的一套公寓，你们拿去住吧，我不需要那么大的房子，住在学校宿舍反而方便。"他当然惊讶极了，极力推辞，我却一再坚持。后来他真的住进了那套公寓。事情传开了，自然引起了轰动，大家议论纷纷，我就是要制造一种舆论：只要是真心想把学校办好的人，我一定让他没有后顾之忧。在这样一种氛围下，我看到了年轻教师们劲头更足了。每晚 11 时过后，当我离开办公室回宿舍，总会看到教师办公室还亮着灯光，年轻教师们还在辛勤备课、认真批改作业。这是一所教师和学生共同成长的学校。

房子让出去了，我反而觉得住得更加安心方便了。听说美国的学校，校长的家都会设在学校里，至少是学校附近，有事都能立刻赶到学校。我住在校园里，把自己的生活和学校融为一体了。

我现在的生活很规律，周一早上 5 时半，从市区出发去青浦；直到周五下午 5 时半后再回市区家里。平时每天黎明即起，和孩子们一起上晨会、出操，晚上去宿舍查完房再休息。我已经想好了，接下来的人生，就奉献给这些孩子们了。

春节里，我走访了八位年轻教师的家，最远的到启东，知道我要去时，他们的亲戚朋友都出动了。

有过去的学生到青浦来看我，见到宿舍里简单的一桌一床，四壁简陋的陈设，几乎要落下泪来。可我并不觉得辛苦，恰恰相反，我感觉很少有人能有我这样的幸运。学校渐渐走上正轨，影响开始扩大，而我的生命也在被滋润着，似乎还是那么青春。在一次学校的运动会上，我参加了穿梭接力赛，和学生一起比赛，第一棒就跑了个第二！那一刻真是快乐极了。

在这里，我的"大语文"理念得到了更多实践的机会。开学第一课，我就告诉孩子们："语文不仅仅是学习工具，更在于教我们如何做好一个人。"我把复旦附中"读书做人"的传统带到了五浦汇。我们开设了"养正讲堂"，取"养天地正气，法古今完人"的意思，请来各路专家学者。短短一学期，鲍鹏山、王德峰、郑召利、杨泽波、骆玉明、刘强、张汝伦等先后来到了青浦，大大开拓了孩子们的眼界。我自己也亲自上阵，开了几个系列专题课程，有《汉字文化》《诗歌创作》，从说文解字的一笔一画里挖掘华夏文明的精华；有《走进先贤》，让孩子们亲近大师，神交古人。

除了学校开设的7门选修课，另外学生们在指导老师带领下还自行创建了近20个特色社团，有乐高机器人、3D打印机、恐龙模型、计算机编程、少年话剧、影视制作、板球社团和新闻编辑等，尽一切可能把学生们的潜力都挖掘出来。

另一方面，带孩子们"走出去"也是我一贯坚持的方法。游玩不在走得远、花费多，就在自己的家乡足矣。穿越整个青浦城区，到淀山湖畔吹吹风，到青浦图书馆听讲座，到崧泽文化遗址寻找自己的先人，到嘉定图书馆饱览图书，到嘉定秋霞圃踏青，到汽车城看看汽车的发展史，用古代的方式隆重祭祖……边走边聊中，在大自然中写诗，在名胜古迹中触摸历史。那冠者五六人，童子六七人，浴乎沂，咏而归的乐趣，不可为外人道也。春节里，我带学生到吾悦广场，现场给人免费写春联，引起了一些反响。这样几次下来，学生的自豪感和使命感上来了，他们俨然开始以读书人自居了。

我们的学校要培养的是儒雅如玉的君子。我为孩子们提出的成长目标是：独立、善良、智慧、美丽。孔子曾说："圣人，吾不得而见之矣，得见君子者，斯可矣。"君子之道，失落已久，是到了重新回归的时候了。今天，在这里播下君子的种子，将来，他们会把我们的社会、国家，带向更加进步、更加文明的方向。我想，这就是孟子所说，得天下之英才而教育之，是为人生至乐的缘由了。

教育转轨的“扳道工”

陈儒俊从安徽农村长大，六七岁就在家里放牛。天蒙蒙亮，他牵着牛到路边吃草，爸爸吃完早饭从他手里接过已喂饱的牛到田间耕作，懂事的陈儒俊简单吃点早饭后又去割青草，以备午间喂给牛，晚间从爸爸手里接过耕牛又去放牧了。

8岁时，陈儒俊上学了，是村里的私塾。一次爸爸让三兄弟在水田里捞草，陈儒俊最小，爸爸安排活儿只是哥哥的一半，两个哥哥在前头，他在后边紧紧追赶，但总是落后。田垅头停下休息，大哥问陈儒俊：“怎么样?”“很累。”陈儒俊如实相告。

那时家里穷，大哥二哥都没有读书，为生存而种地。哥哥说：“那你好好念书吧!”读到四年级，家乡洪涝，全家迁徙，在高坡上搭了个人字形草棚算是“家”了。陈儒俊还想读高小，向爸爸说出自己的愿望。因为穷，老大老二没有读书，现在洪涝灾害，家里更困难，但还是咬咬牙，同意小儿子读完高小。后又考到铜陵一中，读到高二时，母亲因病去世，家里雪上加霜。

陈儒俊对少年时代这段生活，至今还是记忆犹新。大哥劳作一生，过早离开人世，同胞三兄弟，只有他后来靠助学金读完大学。“知识改变命运”的体验，他体会很深。

1968年，陈儒俊脚穿布鞋走进闵行中学与学生打成一片，常常用自己少年时代的感受告诉学生。粉碎“四人帮”以后，他与广大教师一样怀着把“文化大革命”的损失补回来的强烈愿望狠抓教学，也曾加班加点拼命地干活。白天上课，晚上还揪住学生补课到九点钟。有时还要跑到学生家看看学生窗户是否还亮着灯，围着升学率转，教师学生都苦不堪言。

陈儒俊1978年当副校长，1983年当校长，一直以来狠抓教学管理。1984年6月，他收到了三位考进复旦大学的校友来信："过去学校有追求升学率的倾向，学生学习负担过重。压抑了想象力、创造力的发展。为了追求升学率，我们忙于应付、作业、考试，缺乏中学生应有的情趣，美的情感陶冶……"校友的信，振聋发聩。学生作为一个人，不仅要学习，还要有丰富的精神生活和其他兴趣特长，并有个性。学校决不能单纯抓应试，还要注重学生的全面发展，使他们成为一个终身幸福的真正的人。陈儒俊深深懂得，基础教育是提高人才素质的教育，是关系到国家和民族未来命运的教育。校长应站在这样的高度为国家培养高素质人才而深谋远虑，决不能置学生的身心健康于不顾，加班加点，以多考取几个大学生来满足本校的虚荣心和应付外界的压力。我们不求人人升学，但求个个成才；同时要确立"只要按照教育规律办事，就一定能提高教育质量，也一定能提高升学率"的思想。

于是，闵行中学从1984年9月起进行课程改革：一是减少必修课，增设选修课，开展课外活动。他们减少了政治、历史、生物等学科的课时，增设了电子技术和电子计算机等选修课，建立了文学社、数学协会，英语、日语、吉他、摄影等活动小组，每个学生可根据自己的爱好和特长，至少参加一个小组活动。二是改革课堂教学，改进教学方法，提高课堂效率。其中改变一讲到底的状况，精选例题和习题，及时反馈，引导学生自己整理知识，加强实验教学，变演示实验为学生亲自实验，培养动手实践能力。三是改革考试制度和方法。四是改善和加强德育工作，坚持以学生为主体，改变"保姆式""家长式"教育方法。这些改革走得尽管艰辛，却留下闪光足迹，学生个性特长得到充分发展。三年探索经验曾在全市校长会议上做过交流，受到与会校长和市教育局领导充分肯定。《上海教育》也给予了报道。

1988年2月，陈儒俊校长调任闵行区教育局局长。由于围着重点初中的几个升学名额转，造成小学教育的扭曲。小小年纪的小学生被逼上升学竞争的"战车”。陈儒俊立志要当好基础教育轨道上的“扳道工”。应试教育根深蒂固，但决非无能为力，于是陈儒俊用改革重点中学初中招生制度的“指挥棒”，形成小学教育生动活泼的局面。这就是“等额推荐，择优录取，学有特长，学生实行直升”。这样，把小学校长从升学竞争的应试教育桎梏中解放出来，消弭校际之间的升学竞争。

1992年，国务院正式决定闵行区与上海县“撤二建一”后，陈儒俊高瞻远瞩，克服“一考定终身，唯分数取人”的应试教育弊端，实行“扬长分流，多种选择”，让学生都能以成功者心态，升入高一级学校或踏上社会，让每一类学校都能按各自的办学目标主动挑战，以适应自身发展。

放牛娃出身的陈儒俊，他发自内心地关注弱势群体。说起特殊教育，人们都夸闵行区的启德、启智、启音这三所特殊教育的学校，陈儒俊将他们当作重点学校来投入，设施是一流的，进一步拓展了全国特教先进区的优势品牌，教育部基础教育司司长李连宁考察启音学校后感叹不已，并与学生合影留念。

陈儒俊是教育实践家。墨守成规者，或安于现状；不思进取者，何以成“家”？陈儒俊敢于越雷区，课程改革、考试改革都是在布满荆棘的丛林中穿行的，他善于思考，凭着他对理想追求的炽热感情，融化冰雪，直至春水流淌。“新基础教育”创始人叶澜教授感佩地说，陈儒俊是“真人”！

一个教育实践家必然是事业成功者。闵行区获得全国区域推进素质教育实验区的七个先进区之一，陈儒俊功不可没。

从“世界小学”走出巨人高锟

在上海教育学会高中教育管理委员会的杂志《校长之友》上我看到被全球尊称为“光纤之父”的高锟在美国亲自用毛笔书写的贺词：“祝贺上海世博会圆满成功”。高锟作为当今世界上唯一的一位原籍上海的诺贝尔奖最新获得者，他没有忘记他的出生地上海，更没有忘记教育他的“世界小学”。他在给母校的文章中回忆道，“在教师的爱护里，学生自由发展，自由选择学习的机会，不知不觉培养出独立的性格”。

我到诺贝尔奖最新获得者高锟的母校里探究一下，他们现在的教育究竟是怎么样的呢？

走进世界小学校园，底楼墙面上大约200位笑脸头像迎面而来：世界小学欢迎你！

我们轻轻地迈过走廊，从窗户望去，20多位学生在一个教室上课。师生在互动，也有学生之间讨论着什么，看上去他们学得很轻松。

在校长室，见到了齐耳短发的梁斌校长。我已在纪念世界小学首任陶玄校长100周年诞辰画册里见过她与学生在一起的照片。我很敬佩梁斌这位年轻校长的办学思路：重视校史资源的挖掘。她告诉我们，上海世界小学成立于1936年，是世界社旗下的一员，日内瓦世界学校中国同志会拨给经费。校董会由李石曾、张静江、蔡元培、吴稚晖、齐致、陶玄组成。李石曾主持日常工作，陶玄兼任校长。学校的创办意图是培养出国留学生的预备学校，故让学生学习英语和法语。梁校长说，我们现在的这所“小”学校，不能把办学目标定在“培养出国留学的预备学校”，但是我们的学校恢复原来的校名是完全应该的，这是对历史的尊重，对办学先贤智慧的尊重！

法国著名作家雨果曾说过：建筑是石头写成的史书。建筑不仅是一种工程技术，它更是人类最大的社会文化的物化。于是，梁校长与师生们共同研发《探踪老洋房》校本课程，师生们行走在张乐平昔日创作《三毛流浪记》的道路上。

高锟小时候就读于世界小学，他与同学们一起玩无线电实验，互相鼓励，从此与科学结缘。20世纪60年代，高锟提出把玻璃作为光的通讯媒介，令现代光通讯成为现实，引起现代世界的信息革命。“玻璃纤维，是一种很美丽的东西，就像金刚钻一样，值得欣赏。”高锟如是说。

正是带着这种欣赏之情，高锟开始了大量的实验研究。此后，玻璃材料工业突飞猛进。

“光纤之父”高锟起步于幼年时代的游戏，成功痴迷于通讯实验的自由发展，给我们基础教育的启迪实在太大了！

梁斌校长在世界小学努力地从高锟的发展轨迹里追寻无数小“高锟”的未来，一是“小班化”教育，二是精致化教育，三是人性化教育……

育才魂的雕像

这里是一片圣土。掩映于绿色草木丛中的这座雕像，以其端庄，以其凝重，迎来上海实验性、示范性高中校长们敬仰的目光。

雕像的主人公是段力佩。2006 年 11 月 7 日，育才中学为新中国上海基础教育奠基者，又是改革先锋的段力佩诞辰 100 周年召开追思会。

上海市教委副主任瞿钧来了！学生时代，他在育才读书，后来在育才当教师、副校长，现在领导全市普教系统的课程改革，追思段老的教育思想越来越感到有现实意义。首先，他认为段校长有坚定的改革理想信念。段校长住在学校的小屋子里，经常“破门而入”听课，即使在“文化大革命”中受冲击也是如此。20 世纪 80 年代仍然坚持教育改革，没有坚定信念是不行的。其次，段校长改革的理念很朴素，没有搬用西方理论，比如“男拳女舞”，一听就懂，用今天的话去诠释，就是民族传统的体育活动。现今上海学生身体素质不容乐观，要下猛药。再次，重视教师队伍培训，研究课就是平常的课，不像现在有些课反复演练……

段老的家属代表、儿子段敬特地从北京赶来。他深情地说，在子女眼里，他是一个好人，是脱离低级趣味的人，也是一个彻底的革命者。

大同中学校长杨明华异常激动地说，段老在非常艰苦的环境下坚持改革，今天的条件比过去好多了，但改革的任务仍然艰巨。曾经帮助段老整理《段力佩教育文集》的马联芳即兴发言说，段老的教育理论现在还有意义，建议组织力量研究段力佩教育思想。上海教育学会秘书长许象国紧接着说，段老的话很朴素，但有深意。比如“紧扣教材”，针对当时课堂上节外生枝地突出“政治”的肤浅做法而提出。后来他提出的自治自理、自学自创，就是以“学生发展为本”的思想。

细细翻阅《段力佩教育文集》，端详段老照片的慈祥面容，20世纪60年代和粉碎“四人帮”以后育才教育改革轰轰烈烈的场面又清晰地凸显……

1964年4月，《文汇报》《解放日报》分别在头条刊发育才中学教改十六字经验:《紧扣教材，边讲边练，新旧联系，因材施教》。《人民日报》也写了三千多字的社论《培养生动活泼的主动的学习空气》，上海人民广播电台做了连续报道。全国各地有关单位到育才参观的人士络绎不绝……

这是段力佩校长自1929年在家乡金坛书院小学当教师以来三十五年经验长河里翻起的金色波浪。在书院小学，学生与他亲近，课堂气氛活跃；课外，组织演讲比赛，逢年过节组织文艺活动，他是编剧兼导演，亲身感受到课外活动能促进学生发展。1939年，他在华光中学上数学课，以习题组织教材，又讲又练，讲练结合。既讲数学，又讲形势，很受学生欢迎。1940年在赵朴初创办的孤儿教养院，他与瘦得皮包骨头、蓬头垢面的流浪儿童同吃、同住、同游戏、同劳动，使孩子们的心里感受到一种慈祥的父爱。他领孩子们轻声唱《游击队之歌》《毕业歌》，玩捉迷藏游戏，以培养机动灵活的本领，排演话剧《渔光曲》燃起抗日的怒火。这批孩子后来或参加新四军，或从事地下工作，都成为革命的中坚力量。1943年，段力佩担任储能训育主任，后来当校长，把学校办成民主堡垒，让学生在社会革命洪流中锻炼成长。1949年5月上海解放，段力佩参加了市政府教育处的接管工作。先在市东中学，半年后调往育才中学担任校长。

育才中学是20世纪初由英国人开办的赫赫有名的中学，日本人和国民党都掌管过，历届校长都是社会名流，所聘教师均很有名，但某些教师有“文人相轻”之习，没有教研组，上完课夹起讲义就回家。因此如何把这支教师队伍转变成为社会主义育才队伍，才是关键问题。

段校长心甘情愿地做育才这个大家庭的后勤部长。他就住在学校一间朝西的仅12平方米的狭长的洗漱间里，冬冷夏热。他不习惯把教师找到校长办公室里来，而是一家家地上门访问，衣食住行样样关心。当时，我国教育界都在学习凯洛夫教育学，重点抓了凯洛夫关于课堂教学的“五个环节”，即组织教学、提问、讲解新课、布置作业。段校长凝聚了教师的爱心，发挥了教师集体力量，教育质量整体上提高了。1954年，市教育局把育才中学作为一个点进行质量调查，总结时，胡昌治处长对育才评价很高：“育才教育质量很高，教师积极性高，校长领导有方。”

段校长并没有躺在领导赞扬的功劳簿上，他觉得凯洛夫的教育学“太机械化”，他提出“让学生学会自己看书、自己练习，教师再加以指导”。1963年，他终于辞去区里一切行政职务，回到育才当专职校长。他下决心蹲点在一个班级进行教学方法改革，即在边读边练基础上持续进行教学方法改革试验。段力佩还亲自上试验课，先用10分钟言简意赅、条理分明地讲述新课内容，然后让学生自由讨论，对不理解的再启发引导，到下课前20分钟，当堂做的题，下课时大多数完成了。他用自己的体验告诉老师：课上少讲一些，促使学生多读多练一些，做到读练结合。因材施教要“以旧导新，以新带旧”。老师尝到了这种改变的甜头，这个试验班的语文、数学、英语的平均成绩都超过了其他班级，而且负担减轻了。市委文教书记石西民亲自总结育才的教改经验，后来又得到当时中共中央宣传部部长陆定一的充分肯定，认为育才的经验完全体现了毛泽东1964年春节谈话的精神，要在全国推广……

粉碎“四人帮”后，段力佩重返育才中学继续进行教改，而且改革步伐跨得更大。不仅在课程设置上对原有自然科学和社会科学重新整合，课时安排上根据脑力与体力活动特点，调整为大课55分钟，小课30分钟，大小课间隔，大课上逻辑思维强的课，小课上形象思维强的课。在教材改革方面，段力佩将中国名著和经典引进课堂，生物课增加了大量实验，政治课改为政治观点与历史、形势、政策、法制相结合。体育、英语每天一课。在教学方法上，课堂内采用有领导的集体活动的“茶馆式”教育方法，读读、议议、练练、讲讲，通过评论教材来探索知识。在考试制度方面，废除期中、期末考试，代之以学生总结和师生面谈、笔谈形式。德育方面，段力佩提出让学生自治自理，改班主任为辅导员；体卫结合，男拳女舞。段力佩在育才中学开展整体改革获得显著成效。1982 年，《光明日报》头版载文赞扬育才经验是“教育改革的一面旗帜”。

办学是育人的事业

段力佩认为，人是最高级、最复杂的生命体。对人只能根据外界的条件去引导培养，使其内在的机能相互促进而成长和发展。办学要从人的实际出发，从青少年的实际出发，把教育的侧重点放在“育”字上，把教学的侧重点放在“学”字上，使学生循着人的生理和心理发展规律健康和谐地成长。段力佩认为，这就要求教师的教育思想、教学行为必须要有改变，即：一是教师的“讲堂”为学生之“学堂”；二是把以智伤德、以智伤体变为德智体全面发展；三是把师生负担过重、教育质量不高，变为减轻师生负担、提高教学质量。教学行为也有三个规定：课堂上的学习任务在课堂上完成，尽量不占用或少占用学生课外的时间；不搞题海战术，力求量少质高；不搞统测统考，寓测验于平时练习之中。总的精神是使学生成为学习的主人。

独树一帜的教学体系

段力佩在育才中学的教学体系摒弃了灌输式的传统教学思想。他认为当时教材的问题是程度深，学生难以消化，搞一次性认知。这是学生厌学的潜在因素，也是教学质量难以提高的原因。为此，他根据学生实际提出了处理与改革教材的原则：一是降低难度；二是循序渐进，反复练习，使教材符合学生的实际水平和认识规律。

育才中学在段力佩校长指导下对各科教材进行改革。他们对数学教材做了处理，改革了重点不突出的毛病，力争做到有主有从。对语文教材改革较大，让中国名著经典走进课堂。节选情节连贯的章回小说作为教材。如初一学《西游记》

《水浒传》，初二学《老残游记》《儒林外史》，初三学《红楼梦》《三国演义》。高中语文则以前“四史”以及“策论”为主。对于统编教材则采取一次多篇进行教学，并以语法、修辞、逻辑知识整理已学过的文章。这样，让学生通过比较、分析、评论，活跃思维，迅速掌握祖国的语言文字。我在整理本文时采访老语文组组长梁康华，他说及当时的语文教学，仍然很兴奋。他说，弘扬并培养民族精神不是一句空话。比如，他当时选讲《天工开物》中如何浇铸铜像的片段，学生学得津津有味。这里有人文精神，也有科学思想。他是热心于段力佩的语文课程改革的拓荒者，当时编了很多讲义。而今虽已年届古稀，仍然以诵读古典诗文为乐。段力佩还和教师一起探索改变政治课死背知识怪圈的途径，那就是上“史话课”，以政治观点为话题，以历史事实为血肉的“史话”。初一以古今中外舍己为人的英雄人物事迹作为教材内容，对学生进行品德、人格的陶冶。采取说故事的形式，然后组织学生评论，明确应该学习什么，扬弃什么。高中则用政治经济学基础知识，联系中国现代史实弄懂政治经济学的基本观点，或用近代史上典型事例，使学生了解国情民情，使学生在政治上有明确方向。

生物学科编写了生物实验手册，包括实验内容、要求、实验报告和练习等，是以实验组织教学的课本。外语学科自编了口语教材，强化口语训练和会话能力的培养。总之，育才中学逐步形成了富有改革特色的课程教材体系。

如果说课程教材体系改革是段力佩教育思想的一个亮点，那么他通过试点总结出的“读读、议议、练练、讲讲”，有指导的茶馆式教学形式更是他的创造。“读读”是让学生阅读课文，了解大意，从中培养学生的阅读能力。“议议”是师生之间开展议论，话题有的是学生的质疑，有的是教师备课时准备好的问题。“议议”的作用在于为学生解惑，使学生能正确理解和掌握课本知识。“练练”是让学生思考和为加深理解和掌握课本内容而安排的练习。这种练习可以在读议小组切磋琢磨。通过“练练”，达到当堂知识当堂消化并掌握，心情愉悦。“讲讲”贯穿于整个学习过程中，以组织、启发、引导、点拨等指导，或个别、或小组、或全班，使讲既有针对性，又能起画龙点睛的指导作用。用“议深练习透”

代替“讲深讲透”，变“授”为“学”，把教学的侧重点放在学生的“学”上，调动学生学习积极性，活跃和发展学生的思维，培养学生自学自创的能力。

新颖别致的考试形式也是段力佩教育思想体系中的重要内容。他认为考试是为了及时诊断，应该成为反馈信息的渠道。因而，他取消了原来的期中、期末考试，代之以面谈、笔谈、实验操作，成绩评定也由百分制变为优、良、中、及格和不及格。其犀利的思想光芒是无可怀疑的。在教学工作的全过程中体现了学生为主体的教育理念。

理顺学校育人的管理机制

段力佩的教学改革是从智育这个关键处入手，建立富有特色的教学体系。但他清醒地认识到要完成育人教育任务，抓好国民素质教育，还必须同时抓好德育这个基础，在抓好共性的同时促进个性和谐地发展。

段力佩尊重学生的独立人格，他认为中学实行自理自治符合青少年心理发展的客观要求，他们迫切地希望自己能独立地完成某些任务。于是，段力佩倡导实行有领导的、集体主义的学生自理自治的措施。首先是把班主任改为辅导员，初中各班还增设一名高中优秀生担任辅导员。辅导员不包揽班级日常的事务工作，而由班长组织班委会来完成。辅导员主要是掌握学生的思想、学习与健康情况，当好班委会的参谋。还有就是协调好各学科的教学和教育。其次是建立人人置身于集体的工作网络。课堂上的 4 人读议小组也是学生自理自治、自我管理的基本组织，4 人中有一名组长负责本组的各项活动的开展。再次，按照学生年龄和心理变化特征，建立学校德育教学内容，由浅入深地进行集体主义和行为规范的训练，注重青春期心理品质的养成，树立正确思想和人生观等教育，通过寓教于学、社会考察、参观访问等切实有效的方法加以落实。

段力佩认为，在德智体三者中健康是基础。为此，增加每周体育课的课时数，从每周两节体育课增加至每天一节，以增加学生体育活动总量。同时改革体育课的教学内容，除两节安排身体素质锻炼内容外，其余开展男拳女舞的特色项目。还实行体卫结合，使体育锻炼更科学与合理。卫生老师定期对体育课运动量密度、身体基本素质、形态机能素质等项指数进行测定，把所测资料提供给体育老师，为体育老师安排教学内容和合适的运动量提供科学的依据。卫生老师还为学生做“体育活动的自我保护”“营养与健康”等讲座。他们还结合生长发展情况进行心理卫生、性知识教育，引导学生的心理健康发展。

总之，段力佩在育才中学倾注了一生心血，终于形成了从青少年实际出发的育人新思路、新体系、新格局，冲决了传统教育思想的框框束缚，朝着富有中国特色的教育道路迅捷前进！

薪火相传，弦歌不绝

段力佩教育思想深深地烙印在育才人的思想血脉里。徐一华、章淳立、张孝梅、俞克斌、童永歙等校长弘扬育才教育改革的传统文化，特别是在创建实验性示范性高中的征程中谱写了新的篇章。特级校长朱吉政率领全校师生重温育才教改经验，传承育才学校文化。他们殚思竭虑地探索“科学人文相合，育人成才相融”的课程改革体系。在上海博物馆的支持下改建文博园，成功设计“火与土的结晶——中国陶瓷艺术展”“让想象升腾——陶艺、青铜器展”，学生不仅愉悦了精神，而且还积淀了文化素养。扩建机器人实验室、生命科学实验室、显微数码实验室，为拓展学生视野培养实践创新能力提供了广阔舞台。

几年来，学生们的学业成绩优异，高三毕业生进步幅度大，九成以上的学生能进入本科院校继续深造。上海市第 13 届中学生运动会获女甲第二名，校哲学社排演莎士比亚名剧《哈姆雷特》得到中国莎士比亚研究会的肯定，并被团市委评为上海市中学生明星社团和上海市中学生十大“理论社团”。郁文驰、钱诚、蔡一飞、谢天一、孙思睿、张家豪、于兆亿等同学，以“机器人创意设计”“火星探险”“多功能电动轮椅”“举重机器人”等项目获得第四、第五届中国青少年电脑机器人竞赛的一、二等奖，郁文驰同学同时获得第二届上海市青少年“明日科技之星”的光荣称号。校弦乐队在 2005 年上海市中学生艺术节上荣获一等奖。

朱吉政校长回答我的采访时说，校长重视课堂教学是确保学生全面发展的重中之重，他要继承段校长走进课堂的好传统。

育才不要忽视育人

——访行知中学1957届校友朱之奇

2009年10月，行知中学将隆重举行建校70周年盛典。怎么庆祝？其中，拜访陶行知先生的学生是很重要的基础性工作。

我向张步华校长索要校庆的稿子，他郑重地推荐我随副校长曹红悦、办公室主任董伟忠前往北京采访。

临行前，我做了采访的前期准备：翻出参观陶行知纪念馆的资料以及研究陶行知教育思想的笔记。陶行知的教育思想，读一次感悟多一层，这也是长期引导我做教育采访的动力。“千教万教教人求真，千学万学学做真人”，1938年秋天，陶行知在重庆凤凰山古圣寺创办育才学校，收容抗日烽火中的难童。他组织全校师生四处募捐并宣布纪律：募捐所得任何人都不得暂借或挪用。一次他到很远处募捐，收获颇丰。回校时自己私款全无，硬是走着崎岖山路赶回古圣寺。守门的老和尚连声叹道：“菩萨保佑，正人君子。”1946年7月25日，陶行知因突发脑溢血辞世，他的一生百折不挠地“为中国教育寻觅曙光”。

在北京采访多位行知中学校友，对陶行知这句至理名言有了更真切、更具体的感受。我不止一次对同行两位领导说，陶行知的学生，尽管不是同一年代、不在同一教室，但有一个共同品质，那就是陶行知最朴素的解释“学做真人”。过去讲教育的本质往往说成“教育为无产阶级政治服务”“教育为经济建设服务”，都没有说到点子上，反而云里雾里。教育就是为了“人”的发展，这是教育本质的起点和归宿。

《团员日记》

2009年4月9日近中午时分，我们见到了朱之奇。他精神矍铄，朴实儒雅。

他在约定的地方迎了上来。“我今年73岁，生日刚过3天。”他是1936年4月6日出生，也就是说，在陶行知逝世百日前几天诞生的。

朱之奇，是陶行知所办学校学生，他的成长经历里充溢着陶行知教育思想的精气神韵。

“我家里穷，喜爱画画，行知艺校收贫困生，我就去考，画了张毛主席像，幸运地被录取。拿助学金，初中9元，高中13元。考入天津大学机械系拿16元助学金。我感激学校对我的关心，我会像陶行知先生那样堂堂正正做人。”

厚厚的《团员日记》，足足有200页。后来，我用整整4个晚上认认真真阅读着朱之奇17岁时写下的日记，他长我3岁，尽量回忆那个年代我在做什么，想什么……

日记是从1953年7月4日写起，那天，是团支部讨论他的入团申请。

“下午2时半，团支部召开审批7个队员和2个同学入团，我是同学中的一个。心里充满着兴奋，生命历史上的重要一页。”

那年，朱之奇读初二，入团后担任团支部委员，画画有基础，字又写得好，经常出黑板报。初三，他当了团支部书记。从日记内容看，建设社会主义总路线的内容占了很大篇幅，称之为“前进的灯塔”。我们好奇地询问朱之奇：“当时行知中学的生活给你最深的印象是什么?”他不假思索地答道：“当时大场（行知中学所在地）的生活很艰苦，食堂是芦席棚。但老师像大哥哥、大姐姐那样热情。马侣贤校长是陶行知的学生，他要求学生干部当‘小先生’，同学们哼着印度电影里的《拉兹之歌》抒发自己的呼吸自由的心情。生活艰苦，但心净如水……”

我们抬眼望着书桌玻璃板下压着的一个书法作品，原来是朱之奇写《后汉书·东方朔传》中的一段话：

“天不为人之恶寒而辍其冬，地不为人之恶险而辍其广。”

寒冬的阴冷、地势的险恶，天地相容；生活在天地之间的行知人用其年轻人的热情驱散“恶寒”、大踏步跨越“险恶”，如履平川。

在1954年3月18日的《团员日记》里笔者看到朱之奇写的一段文字：“人的情感是永远流露不尽的，他永远深藏在灵魂深处，其力量是可战胜一切的；可以作为友谊、同志的爱，它可以摧毁一切不合理的、甚至反动的力量。”

朱之奇自1951年考入行知艺校，1953年全国高校院系调整，行知艺校师生分流，马侣贤校长创办行知中学，继承陶行知先生“生活即教育”的平民教育思想。朱之奇在行知中学读书直至1957年高中毕业。他感慨地说，那个年代，临近毕业了当然要准备高考，但仍然关心天下大事。他清楚地记得，1957年春天，高三了，他还根据同学们到七宝地区进行灭钉螺的生活实践，写了独幕话剧《南河之春》并自导自演，还获得了奖状和奖金，至今心里还暖洋洋的。他们1957届同学聚会，还专门走到大场原校址拍照留念哩。好男儿志在四方，那年高考，他考取了天津大学机械系，奠定了自己以后事业的基础。

“育才不忘育人。”朱之奇明确地说，“老师要让学生德智体全面发展，成为对社会有担当的真人。”

一所优秀学校的文化传统是养育人的。从朱之奇成才轨迹里，我们感受着陶行知教育思想的恩泽。陶行知写于1942年的《每天四问》，本是给先生、同学和工友们的演讲。

第一问：我的身体有没有进步？

第二问：我的学问有没有进步？

第三问：我的工作有没有进步？

第四问：我的道德有没有进步？

陶行知先生要求师生“建筑人格长城”，道德是基础，一个人的私德健全，而扩大为公德才有效用。从朱之奇《团员日记》里可以窥见他的心净如水，温暖了多少同学的心！他站牢自己的岗位，教育自己知责任、明责任、负责任，教育着自己进步。

陶子精神光灿灿

朱之奇对行知母校感情深厚。在他的心里，陶行知教育思想为他构筑了“人格长城”。他在《纪念陶行知先生诞生110周年》的七律诗中这样吟唱：

拒官吁募为莘莘，
沥血捧心宿志存。
千日晓庄村社会，
五秋山海小先生。
育才古圣红岩魄，
续统赵园孟港魂。
陶子精神光灿灿，
教学相长做真人。

这首诗以高度概括的诗句赞颂陶行知先生在那刀光剑影年代，抛弃个人仕途，捧着一颗心来，为广大穷苦的莘莘学子铺就成才道路：1927 年 3 月在南京创办晓庄师范；1932 年 10 月在上海大场孟港巷创办“山海工学团”；1939 年 7 月在重庆合川县古圣寺办育才学校，在难童中培养文艺人才。1946 年 7 月 25 日，陶行知先生逝世，其学生马侣贤在大场赵家花园续办育才学校。陶行知殚精竭虑，“捧着一颗心来，不带半根草去”。

尾联“陶子精神光灿灿，教学相长做真人”，唱响了一曲陶行知无私奉献之歌。

千做万做学做真人

1996 年，朱之奇退休。他主动提出让我们到他退休后服务的单位看看——北京霹西自动化技术有限公司。这是一个由中德合资的高科技公司，他是公司的总工程师，专管非标准设备设计。他说，退休后闲散了，没有干扰，一门心思根据客户的工艺要求完成技术服务。他完成了 200 项任务，从没有闪失过。

他带领我们走进车间，指着正在调试的设备——超声探测仪介绍说，客户赛程公司要求生产这台探测设备，国外订货需要 40 万欧元，我们只需 15 万元人民币，主要用来检测油田铺设的输气管道，焊缝如有缺陷，就容易爆炸，所以工艺要求极其严格。设备完成后，他们还提供售后技术培训，客户非常欢迎。

朱之奇缓缓介绍，笔者又想起陶行知《每日四问》中“我的学问有没有进步”的教导，陶行知说“我们对于一件事物能够专心一意地研究下去，必须能够有一旦豁然贯通之时”。

朱之奇很自豪地说像这台超声探测仪，在国内还是首创，还提供客户技术培训服务，避免了引进设备一旦遇到困难就闲置的弊端。他所说完成200项任务还没有闪失过的业绩，应该是真人真话。

“千教万教教人求真，千做万做学做真人”，陶行知的教育思想，朱之奇的人生轨迹，同样也得到印证。

化作春泥更护花

——记崇明师范学校校长刘智敏

崇明师范学校校长刘智敏是全国师范系统的“新闻人物”，有的报纸称崇明师范是“中师明珠”，他的办学成就和经验，在全国师范学校引起了极大的反响。

琴棋书画皆能手

人们走到上海市崇明师范学校门口，都要驻足欣赏那几个笔锋俊逸刚健的校牌题名。柳体风骨，颜体神韵，是校长刘智敏亲笔题写的校名。

了解刘校长的知交好友都知道刘智敏20世纪60年代初就读于上海师院数学系，成绩一直是年级前三名。他学得轻松，兴趣极为广泛：喜欢哲学、美术、书法和声乐，当了师院学生会文娱部黑板报主编，校刊主笔，报头插图，由他涂抹；校美术组有他的宣传画；校合唱队有他的歌喉……

在崇明师范通向教学楼的林荫道上，树影婆娑。宁静的校园里，隐隐传来钢琴的弹奏声。

刘智敏校长在向我们走来。面容清瘦，炯炯有神的眼睛，透出睿智，是一位儒雅校长。他热情地领我们到校长室。办公室墙上挂着陶行知的名言条幅“教学做合一，以做为中心”，也是刘智敏的手迹！

刘智敏递给我《上海市崇明师范管理手册》，封面题字，也是刘智敏的笔迹！书，托在手上，沉甸甸的——不只是书的重量。

刘校长带我到学生工艺书画作品陈列室参观。在一幅水粉画《睡莲》前，驻足良久。淡雅的墨色，栩栩如生的莲叶呼之欲出！

"一定有家传吧?"我问道。

"说不上有家传,"刘校长指着《睡莲》的作者胡震的名字说"小胡刚进校时,有画画的爱好,每日训练,渐见功力;老师点拨心领神会。这幅画,参加全国师范生画展,荣获二等奖。"刘智敏当校长,要求师范学生"琴棋书画皆能手",不能只学一点文化专业知识。十年来,刘校长狠抓师范生每日基本功训练,成了全国师范系统都闻名的办学特色之一。

在崇明师范,新生一进校就得天天坚持八个系列的基本功训练,早练语音晚练演讲(朗诵、讲故事、演讲、即兴演讲),书法(毛笔字、钢笔字和粉笔字),读写(摘记、随笔、自编小报),音乐(练声、琴法),舞蹈基本功,美术(简笔画、美术字、排版)和体育(韵律操、武术、体育游戏),分阶段、有层次地推进。每个学生每天都得花两个小时有计划地练,雷打不动!

我走马观花地看学生们的三分钟演讲。每班都有一位"小先生"负责主持,记录、讲评、打分。这些由学校培训过的"小先生",态度自然、有板有眼。

一、二、三年级层次感是分明的。才进校的一年级学生,很认真努力地用普通话演讲,以声传情。二、三年级讲的故事和即兴演讲,眉目传情,神采飞扬。

"十年磨一剑",刘智敏主持的崇明师范"每日基本功训练"科研课题,获市师范系统科研一等奖,市普教系统科研二等奖。那天晚上,适逢学生会主持二年级一个班的文艺展演。在变幻的彩色灯光下,琴声悠扬,歌喉高亢。有钢琴独奏、吉他弹唱,还有双人舞和戏曲联唱。学生会的干部告诉我,每个节目,刘校长都逐一指点。"我只是当一下顾问,舞台应该让学生占领。"刘校长语带哲理,"琴棋书画皆能手,培养这样的小学老师才会受到社会欢迎。"

学陶师陶以心铸剑

我翻阅着刘智敏亲笔题写书名的管理手册,有个鲜明的感觉:陶行知的"生活教育理论"已成为刘智敏办学的指导思想,也印刻着刘智敏的个性。老师为主导,学生为主体,训练为主线。文化课的"八字法"教学,专业课的"三课一评”和小学教材教法的“微型试教”，这三个方面熔铸着刘智敏的心血。

“八字法”教学，就是按“题目——准备——讲解——讲评”顺序进行。首先，教师从教学目的出发，深入研究教材和学生实际。向学生提出问题，启发学生的求知欲望。教师提出的问题，必须为完成教学目的服务。其次，设计的题目使学生“跳一跳，自己摘下果子”，特别是针对难点设计有坡度的系列题目，阅读教材及课外参考资料，经过自学、讨论、分析、研究，得出自己的见解。第三步讲解，学生根据自己的准备，讲解教师提出的问题。最后一步是讲评。教师根据教学目的、学生的讲解和听讲学生的反应，从科学性和表达能力两个方面予以讲评，言简意赅，画龙点睛。

如果说“八字法”侧重于破除“满堂灌”，那么专业基础课的“三课一评”则是教法和学法兼而有之的模式。“三课一评”是指理论课、示范课、实践课和教学评析活动。理论课重在指导，使学生对专业基础知识和教材教法有一个理性认识，为以后的教学实践活动奠定基础。示范课旨在验证，由小学优秀教师或教材教法教师执教，学生通过听课、讨论，对教材处理、教法选择等方面“典型引路”。实践课则是侧重尝试，它不同于教育实习，只是“大家准备，一人执教”。最后评析，是悟理。这个过程，使学生对教学原理和方法、课型结构、教学艺术等方面有一个更深的认识。“三课一评”教学法，具有鲜明的师范性，缩短做学生与当教师之间的距离。

刘智敏校长的“微型试教”，更见新意。它是指毕业班学生选择教材中某一章节，确定教学目标，设计十五分钟课程，向模拟学生上课，试教后讲评。这是很有效的模式。1991 届的陆冬梅、施玲玲在市师范教研室组织的“小学思品课”教法现场会上演示，课上模拟学生提出许多“怪”问题，两位执教者从容处理。扎实的教学能力和灵活的应变技能，赢得满堂喝采。有多所师范学校当场邀请他们到学校做示范。

刘智敏的教学思想，固然是陶行知教学思想的生动体现，但是无不烙印着他那二十八年教学经验的结晶。

他首先是一位优秀数学教师。他曾在一所乡村中学教高中数学。他上数学课，校外学生挤满了教室，就在走廊上听。他教的学生，升学率几乎可以达到百分之百，相当于现在市重点中学的水平！

他为了研究数学教学，利用晚上业余时间亲自解了1.4万余道初等数学题，2900余道高等数学题。在此基础上精选2700道典型题分类归纳，形成系列，并书面总结了400余条解题秘诀；他深夜伏案工作，有时鸡鸣了，才知道又是一个通宵达旦。他为了使自己的教法更符合学生的学习规律，运用实验法研究学生学习遗忘曲线的下降速度。他的结论是：教法新颖、学得轻松愉快，是遗忘曲线下降速度大大减缓的主要原因，实验信度达99%。他为了使学生解题思维能力有一个飞跃，研究“数学解题中的信息处理方法”……

刘智敏要将自己用心血熔铸的思维利剑，挑开思维空间的阴云，让光明照亮学生前进的道路！

留人留心，有难独当

1983年，刘智敏受命当崇明师范学校校长。

崇明师范，地处海岛垦区，原来是20世纪60年代的“复旦干校”。几间当教室的房子，孤独地淹没在一望无际的田野里。教师都是上海市区或县城里的人，可以说身在田野心在城市。

不惑之年的刘智敏要求教师立下“军令状”：一年要有示范性，三年正规化，五年有效果，八年达到市一流，十年创全国一流！

这就是刘智敏的志气！

他说：“留人要留心。”刘志敏待人真诚，以心换心。

一个风雨交加、伸手不见五指的周末之夜，一个瘦小的人影艰难地行进在泥泞的乡间小道上。他不知摔了多少跤。当他凭毅力敲开有关领导同志的家门，已经支撑不住而倒在地上。

他，就是刘智敏！胃切除四分之三后才两个月！

原来，他是为教师们的住房而奔波。领导同志感动了，流泪了，问题也解决了。老师的心，留住了。他们异口同声地说：“调到别的地方很难碰上像刘智敏那样爱兵如子的校长，我们愿意为崇师卖命。”

“热爱、奉献”，是崇明师范教师的主旋律。每日基本功训练、小学课外活动系列辅导、夜自修师范生三分钟演讲辅导，老师们每天都要花去大量的时间，但从不计较补贴的多少。有位青年语文教师为筹备学校艺术博览会，通宵达旦地干，以至妻子分娩，也没能及时赶到照顾。

教师热爱事业无私奉献，校长体恤职工。教师生活的后顾之忧逐渐解决。已婚青年都在县城分到一套公房；教师子女入托、求学，都能妥善解决；教工农村家属的工作妥善安排；教师工资自筹资金上浮一级……

“工作上我对教师要求十分严格，但出了问题我一人承担。因为无‘知人之明、用人之长’么，自己过失更大!”刘智敏的思维触角独特，他说“有福同享，有难独当，这是我做人的原则”。

刘智敏的待人之道给他赢得了威望，难怪他在社会上有众多的朋友!

“后补群众”与“离休干部后代”

刘智敏的治校韬略和待人之道，根植于他的独特生活经历之中。

刘智敏是浙江义乌人，他的父亲刘家泽，1989 年去世时是大百科全书的编审，《日汉谚语常用语词典》编著者。然而，1975 年之前，刘智敏一直背着“国民党少将之子”的历史包袱。

“在人生的荆棘丛中开辟人生之路。”刘智敏只是这样努力地做。

父亲留给他的是处处拘谨、从严要求、不能闪失的人生态度。母亲是慈祥的，她是一位中学数学高级教师，家教极其严格。

刘智敏自幼家庭生活清苦，但精神财富很丰富，拥有大量的书籍：哲学、历史、文学、美术、书法、音乐，还有古今中外的名著。刘智敏阅读了大量书籍，他尤爱读《三国演义》和《三国志》，竟读了不下 20 遍!

他以总分第一的成绩考入市重点高中——延安中学。

刘智敏的生活和学习道路，铺设出了他的事业轨迹。他自幼注重自学，任校长后树立了“三主”教育改革思想——以学生为主体、以教师为主导、以训练为主线，并由他倡导、实践、组织了文化课的“八字法”教学，专业基础课的“三课一评”、教材教法课的“微型试教”等。

自幼多才多艺的他，在当校长后力倡“师范生每日基本功训练”的办学特色。

十年磨一剑，刘智敏任崇明师范校长十年，学校荣获十余项市级荣誉称号；在全市师范系统统考中已连续十次各科成绩第一，而且遥遥领先！

历史是公正的。1975 年刘智敏父亲的错案终于平反；1983 年又恢复了离休革命干部的身份。

“我的‘后补群众’身份过惯了，”刘智敏洒脱地说，“对我很有好处：一是处处严格要求自己，自强不息。崇明师范办学模式有我自己的影子。二是用‘后补群众’的视角考察我当校长的言行。责己严、待人宽，决不挫伤别人的自尊，而要尊重人的尊严！”

刘智敏的人格力量是无声语言，老师们说：“我们讲职责、讲奉献、不计报酬，全凭校长的榜样。”刘校长倡导的“团结、事业、奉献”的优良校风，如春风般感染着全校师生。

全国师范学校的一颗明星

刘智敏的办学成就，在全国师范系统引起了巨大反响。

1993 年 8 月 26 日，国家教委师范司副司长孟吉平在呼和浩特会议上向全国中师推荐了上海市崇明师范学校。

他在视察崇明师范时，对学校一连打了四个优。他说：“我给你们打分，应该为优。你们的校长找对了，校长既能严格要求你们，又很开明；既有传统的东西，又很开放；既有校长的尊严，又能和你们打成一片。这样的校长是好校长。

我为你们有这样一位好校长、好领导而高兴。”

前后有 150 多所全国各地中师的校长及教学骨干参观考察崇明师范，都给予高度评价，崇明师范是“办学有方，教学有法，训练有素，管理有效”。

联合国的教育专家帕菲女士在考察崇明师范后说，崇明师范是她走访中“印象最深的一所学校”“崇明师范为其他学校树立了典范”。

全国性的《师范教育》称崇明师范是“中师明珠”。全国性的《中师生报》在第 217 期第一版、第二版整整两个版面以“海岛月儿分外明”为题介绍上海崇明师范校长刘智敏。编者按里谈到“胆识、才能、情感，是当今人们对领导干部评说较多的话题。然前二者易得，有情感甚难。而三者同时具备则难乎其难。上海市崇明师范学校校长刘智敏可谓胆识、才能、情感兼备的好校长”。

人们称刘智敏是“全国师范学校的一颗明星”。对此，刘智敏说：“我只是师范园地里的一小片泥土，只是有一颗心，但愿‘化作春泥更护花’……”

让学生分享快乐的人

——记上海市十佳班主任周菁

周菁是全国师德标兵黄静华的徒弟，她像黄静华那样追求“德育无痕”的境界。她对学生的关爱，见于细微之处，不仅是母亲般的关爱，还有爱心的传递。

捕捉精彩瞬间

四月的一个中午艳阳高照，约定高一（4）班学生开座谈会。这个会不用我启发，学生们就会争先恐后地说着他们的班主任周菁老师在自己心里的位置。孙志鹏同学说，他不是第一志愿进大境读书，心里总有失落感，周老师像大姐姐那样找自己谈心，在星期天还带着他和自己的儿子一起去鲁迅公园开碰碰车，玩得很开心，心态也好了许多。张扬同学说，周老师与同学联络感情有独到之处，他们每个月都集体过生日，有一次在奉贤五四农场军训时为一个同学过生日，那儿条件不像市区那样方便，周老师出钱请工作人员代订了一个蛋糕，为这位学生过生日。学生很感激：“周老师，真心地感谢您！”宣传委员贾文琴同学说，班级出小报，周老师拍了很多同学的照片，编辑“班级相册”，这是班级成长的记录册，有许多精彩“瞬间”，倾注了周老师对他们的关心。

其实，让学生感动的，还是周菁老师对他们“犯错”时的理解和化解。女孩子叶晨说，她的学习习惯不好，有人批评她“品行不端”，心里有气。周老师也给她指出这个毛病，但是和颜悦色，还让她当班级图书管理员，在实践中锤炼她，心里暖暖的。“微笑式谈心”给了她改正缺点的信心和勇气。周菁老师认为，爱是教育的源泉，教师有了爱，才会对自己的教育对象充满信心，才会贴近学生的心理需求，激励他们扬帆远航，才会有学生的精彩瞬间展现。班级里有好几位经济困难学生，刚进高一，他们就会发到半成新的校服。原来有心的周老师早就考虑到了经济困难学生购买校服时碰到的尴尬，所以提前向以前的学生“预定”了校服，“转让”给学弟学妹。当这些学弟学妹从周老师手里接过特殊校服，心中感到无比的温暖。小章同学从小由妈妈一个人带大，经济拮据，周菁老师联系了自己爱人单位——海军某部官兵捐款给予经济上的帮助，至今已持续了三年，使这位同学从未因经济困难发过愁。

影响学生前进的也并不全是经济困难原因。班中有个家住金山的学生，他以零志愿进入大境中学，父母为他在市区买了房子。从父母“严加管教”到“放任自流”，反差很大，他一时不能合理安排自己的时间，松松散散，回家没人说话，感到许多想法无处倾诉，严重影响学习心情。周老师找他谈心，教他学会独立生活，学会自理、自立、自强。有一次，他生病没到校上课，放学后周老师赶到这位学生位于静安区的家，了解病情，为他做晚饭，使他深受感动。那天，周老师回到自己家中，已是晚上十点了，但她感到宽慰，感到快乐。

培育班集体的“哲理”

周菁是历史老师，历史课在高一开设，因而她所带的班级一般是带一年。有的老师说，在高三优秀生推荐中发现，不论是文科还是理科，周菁高一时所带的班级学生明显要突出一些。这是偶然还是必然？在给评审组的考察报告中我们提到了这个亮点。周菁新带班时，对学生登记表细心审读，从照片面容到家庭情况一一记在心中。花一个星期左右，沿着她的“家访地图”，与家长见面，与学生对话。从每个学生入学报到的第一天起，周菁与每个学生之间已经接通“感应神经”系统，在周菁的“班主任词典”里有个专有名词叫作“微笑见面”10 秒钟：一次招呼、一个眼神，感情上的平等交流开始了。其内容十分丰富，“你的困难或喜悦老师知道了，什么时候我们随便聊聊……”

周菁的班主任工作艺术不只是与学生平等地交流，解决学生面临的种种困难，更主要的是主动出击，让学生的个性在集体中得到发展。

为了让学生发展健全的人格，周老师将全班同学分成八个小组，每组男女生均有，能力互补，有利于形成“组内互助、组际竞争”的氛围。这个小组不光是考虑各学科学习成绩，还注重日常行为规范检查和德育活动的开展。在年级评比中，高一（4）班成为年级第一的星级班集体。其他班的同学都很羡慕高一（4）班，说在他们班充满欢笑，因为周老师让同学们设计各种有趣而有意义的活动。比如体育周就举行了拔河、篮球、乒乓球、羽毛球比赛和讲究团队精神的“三人两脚”比赛。同学们在运动中既锻炼了身体又放松了身心。王贝茜同学讲了周菁老师每星期一进行的“讲哲理小故事”的活动：“周老师关心每个同学的思想状态，常常用一些贴近我们生活的哲理故事启发我们思考。比如《土拨鼠的故事》，三只猎狗追一只土拨鼠，途中遇到一只兔子，于是改变了方向，最终一无所获。这个故事启发我们：人生旅途上有许多风景，但不能失去最初的目标。”

从学生发言中，我感受到周菁老师班主任工作艺术的精髓了，她在追求一种境界，那就是让学生在生活情境里追求某种体验，自动地追求正确的人生价值。这是人自觉奔向某个成才目标最稳定的内在动力。我从心底里佩服周菁的这种追求。比如她曾在给一位性格内向的同学的贺卡上写道：“老师常常能从你的脸上看见一丝忧郁，是不是你善感的心里有一些心事呢？是不是愿意与老师分享自己的想法呢？如果遇到困难，记得身边有亲人、有朋友，也有老师。有那么多爱你的人，还有什么理由不快乐呢？或许学习让你感到压力，但又有什么困难是克服不了的呢？而且你有别人所没有的画画特长，这也是你的财富啊！做一个自信的女孩，你会发现生活更有色彩。”

关注个性，奠定发展的基础

周菁老师十分关注每个学生人格上的独立和他们的自主发展。她认为，一个人固然不能脱离社会和他人生活，但绝不能攀援在他人身上。因此，尽管她不是一个摄影师，但她总是在自己学生活动的地方，拍摄瞬间的精彩画面，特别是学生个性张扬的时刻。她拍摄学生“瞬间”照片的标准是“专注、互助”，她也为未能拍到自己认为最漂亮的照片而抱憾。然而，还是这种永远未完成的心态，驱使她不断超越自己取得了更大成就。

他们有一本班刊《星林》，厚厚的一本，大约五万字。我看到的是2005年3月出版的第3期《星林》。在话题作文“个性”中的四篇文章：张扬的《拯救个性》、王琦的《个性≠另类》、江雁飞的《世界，因个性而美丽》、李一豪的《个性？个性!》。在这些有感而发的文章里，确实有真知灼见。张扬同学面对“彩发一族”和“耳洞一族”被标榜为个性的现象分析道：“人和动物的差异在于什么？不在于我们会穿有洞的牛仔裤，也不在于我们会把自己的头发染成彩色，更不在于我们会无痛穿耳，而在于我们会思考，会创造，会进步。郎咸平有他的个性，他才敢于质疑中国的股市。罗大佑有他的个性，他才敢于用歌声来影射台独分子。个性源于个人的才华。”可以看出，周菁老师十分关注学生的个性发展，激励他们的思维。“当鲁迅不愿看到国人麻木，他毅然弃医从文，他写下似匕首、似投枪的杂文，扫荡人肉筵宴，直至生命的终点，这就是个性。当居里夫人不愿以美貌而影响学术的研究，她毅然剪短了自己的金色秀美的长发，专心致志于科学研究，创造了伟大业绩，这就是个性——世界，因个性而美丽!”“个性，是那份与众不同。唯有个性，唯有那不同凡响的表现，那语出惊四座的言谈，才是一个人绝对的美感。与众不同，不在于风格怪异的服饰；真正的与众不同，在于面对问题时镇静沉着的思考；真正的与众不同，在于面对困难时锲而不舍的毅力、奋勇拼搏的干劲；真正的与众不同，在于内心的修养，那舍己为人的无私，那宽宏大度的胸襟。许世友的个性，伴着胜利的号角，随着人民的解放而家喻户晓；杨利伟的个性，随着火箭长长的火舌，宇宙飞船带回的宝贵数据而众所周知；牛玉儒的个性，随着人们在这位人民公仆墓前撕心裂肺的哭声而渗入我们的内心。他们的个性令人敬佩，他们的个性才是跨越空间、穿梭时空的永恒！在我们求知的征程中，扬起个性的风帆，挥起个性的船桨，逢山开路，遇河架桥，让人生驶向成功!”

这些学生思维结晶的文字告诉我们，他们一旦冲破应试的羁绊，就会出现创意的火花。这也是周菁追求的工作境界。乔俣同学在化学实验时用玻璃棒搅拌咖啡的现象产生奇特的联想：

生活犹如一杯咖啡，而沟通就好像那根玻璃棒。正如咖啡的那股浓郁香气要靠玻璃棒的搅拌之后才能散发出来，生活只有在沟通中才会不断完善、进步。

人都需要与外界沟通。纵观社会的发展，沟通方式从普通的信件到电子邮件，从公用电话到手机、视频，居民意见箱发展为社区网络论坛……这一系列的发展，与其说是生产力发展所带动的，不如说是人与人需要沟通的必然结果。

地球之大，国家之多，更需要沟通。古代的人们已经充分认识到了这一点。马可·波罗到北京，成为忽必烈的臣子，并写下了《马可·波罗游记》；郑和带领二万八千人，动用巨大的货船一百多艘，装满了“宝物”，七次下西洋……

今天，中国之所以有幸举行APEC会议，申奥、申博成功，证明了中国所拥有的能力和地位，世界对中国的信任和信心，更证明了沟通是何等的重要!

沟通就是那根具有神奇力量的玻璃棒，不断使人与人之间互相了解，不同的民族之间更加和睦，中西方文化得到交融……这样，才能共同进步，取得更多的成就。

这篇文章刊登在《新闻晚报》上。乔俣同学从极其普通的咖啡搅拌棒入笔，引出生活中沟通的意象却十分深邃。如果他们生活在“题海战术”的海洋里，无论如何是产生不出这种奇思妙想的。

侍淳博同学是原高一（4）班的学生，刚进大境中学时，行为举止很散漫，但是周菁发现他很聪明。无数次“微笑式谈心”以后，周菁指导他制订“个人发展行动计划”，指导他写下了自己的人生格言和学期发展目标，并分解为行为规范、学科发展、关心集体等具体的阶段性行动措施和期望成绩。坚持跟踪他达标的进程，督促、鞭策、鼓励他不断修正自己的目标。小侍在高一、高二两年的目标不断递进发展。他的进步让同学们刮目相看，后来成为高三的“大境之星”，被评为上海市“三好”学生和高三特优毕业生。

引领，磨砺德育艺术

随着笔者对周菁采访的深入，得知大境中学是十分重视年轻班主任队伍建设的。而周菁老师正是在这种氛围中成长起来的优秀青年班主任。2002 年 9 月，她被以全国师德标兵黄静华名字命名的黄静华工作室吸收为成员。她一直把黄静华老师的“假如我是孩子”和“假如是我的孩子”的话铭记在心，把爱的教育精髓传承下去。在黄静华工作室学习的日子里，黄静华经常带着她到外地讲学，她不仅学习前辈的经验，而且还在学习中发展，在借鉴中创新，逐步形成自己的特色和风格。她努力学习现代信息技术，不断提高外语水平，开设双语课。在加强和改进未成年人思想道德建设中，她牢牢抓住民族精神这个“根”，在青年学生中“树魂立根”。她精心组织课堂教学和社会实践活动，培养学生的民族情怀。她随黄静华去南京进行交流时，参观了“南京大屠杀遇难同胞纪念馆”，回校后，她将拍摄的照片制成课件在班级里播放，并进行了热烈的讨论。就此事件以及日本当局对此事的态度发表自己的看法，激发学生强烈的民族情感。接着，她组织全班同学开展了“寻访经典”社会实践活动。通过读鲁迅作品、访鲁迅纪念馆、谈鲁迅人格魅力、悟鲁迅民族精神，生成了班级的研究课题《鲁迅的民族情怀》。学议结合中提升了学生的民族精神，在“深化课程教材改革，加强学生思想道德建设”现场会上代表年级向专家、领导们做汇报，获得好评。

周菁善于运用丰富的社会课程资源作为培育学生民族情怀的政治营养。比如中央电视台的《感动中国》、哈佛女孩汤玫捷访谈录像，周菁自己转录下来，组织学生收看，然后要求学生分别以“他们为什么感动中国”和“从汤玫捷被哈佛录取说开去”为题发表自己的看法，并在班级网页上交流。比如，汤玫捷的综合能力强是哈佛录取的主要原因，这对同学们启发很大，很多同学十分赞同汤玫捷宁愿走一条D型弯路的体会。他们说，走捷径固然痛快，但“吃一堑，长一智”更可贵。同学间这样的坦诚交流使集体氛围更加热气腾腾。有位同学深有体会地说：“一个人无论看到怎样的美景奇观，如果他没有机会向人讲述，他就决不会感到快乐。一个无人分享的快乐绝非真正的快乐！”

周菁就让许许多多学生分享了她的快乐。

优秀班级的人生导师

——记首席班主任瞿平

在温暖的灯光里
我梦见几十张笑脸
他们无声无息地交谈
无需倾听又字字真切
还有那无以言传的美丽歌声
呵护着寂静之声
……

这些诗句，是华东师大二附中首席班主任瞿平为她的2010届高三（1）班毕业纪念画册流露的心曲，时间是2010年5月12日。

其实，瞿平在这之前的两个月，也就是3月12日，在班级博客上还发了一个自称“你们永远的朋友和‘粉丝’”的文章。文中说，高三（1）班已有31位同学获得清华、北大、复旦等高校自主招生保送资格了，尚有十余名同学战斗在高考第一线。于是瞿平倡议保送生为他们加油鼓劲：“相遇是一种缘分，曾经的欢笑与泪水在将来的某一天都会成为我们这群人共有的美好回忆，曾经的友谊很有可能成为我们未来人生的心灵慰藉。因此，当我们这个集体中的一部分同学面临命运挑战的这一刻，我要代表全体保送的同学告诉你们：我们所有的（1）班成员都和你们站在一起，衷心地为你们加油并随时准备伸出我们的援助之手！相信你们会用自己的实际行动证明自己是真正的一流人才。”

在2010年的春天，首席班主任瞿平的工作时间表上，着重点已经是针对保送的学生安排与大学接轨的课程，还组织这些保送生设计了《历届理科班学生人生轨迹跟踪调研》和《当代中国领军人物人生轨迹跟踪调研》课题。这两个课题是教育部重点课题《卓越教育的理论与实践研究》的子课题，为此，瞿平自然全力以赴。与此同时，她也心系十多位面临高考的学子，向他们投去关注的目光，尽管他们已经在兄弟班级奋斗。

我在接受何晓文校长邀请采写华东师大二附中首席教师任务时，就想采写瞿平。如果说，20 世纪 90 年代在学校认识她时还只是感觉她很干练，那么，最近多次采访后，她那追求卓越的形象渐渐清晰起来，她的工作精神值得我们教育战线上的朋友学习借鉴。

我的未来不是梦

华东师大二附中的网站上这样介绍瞿平：中共党员，1990 年毕业于华东师大中文系，1994 年从上海市延安中学调入并从事语文教学。在此期间曾先后担任学校少先队辅导员、政教处副主任、学生处主任等职。在学生处工作期间，策划组织了一系列德育活动，活泼多样、深入浅出。在她策划下，学生经过民主讨论，完成了《二附中学生一日常规》以及一系列自主管理制度；也是在她的带领下，二附中的学生社团由最初的几个兴趣小组发展成为今天具有较为完善体系和管理制度、在社会上有一定影响力的学生社团联合会；与此同时，瞿平老师注重德育工作的研究，注重德育实效性思考，在二附中德育教育特色与宏观教育模式方面进行了较为深入的思考，形成了一定的教育理念，与学生处同事共同构思完成了“二附中分年级德育活动策划方案”等。

2010 年 8 月开始，我对她进行了多次访谈。

从媒体上看到“华东师大二附中高三（1）班”是 2010 年高考“最牛班”的消息，博客访问已有 364 万多了。我就问瞿平：“这些学生进校时就很‘牛’吗？”瞿平如实告诉我 2007 年暑假接手这个班时的感受。这些学生在初中同龄人中是很“牛”的，各种奖状一大堆。家访一遍下来，看得出他们在家里很乖，往往是妈妈主导，有的说“只要把数学学好就行了”。在军训的日子里，“以自我为中心”的同学表现不少……

面对一群学业成绩优秀、情商却偏低的学生，如何引导他们沿着学校“追求卓越”的办学理念前行？瞿老师想到自己的责任。她说：“我是受到精英教育影响的一代，与祖国同命运。学校让我当理科实验班的班主任，责任重大。教育家蔡元培早在1918年于北京大学新生开学典礼演说中，明确宣告自己的教育理想为‘养成学问家之人格’，这人格的核心即创新精神。我们的学生怀里有不少奖状，他们离‘学问家之人格’的目标不管有多远，我有信心与他们同行！”

“使每一位受教育者学会生存，这是教育工作者的首要任务”，瞿老师深有体会地说，“一要培养他们良好的道德，二要培养他们良好的身体心理素质，三要培养他们良好的文化艺术修养，四要培养他们良好的科学知识技能，五要培养他们良好的合作意识和国际视野。具有这样全面素质的人才，是我们社会所欢迎的一群人，中国教育，任重道远。”

历史上孔子主张“因材施教”而培养出杰出的历史人物，积累了丰富的教育智慧而润泽千秋。瞿老师不仅要关注学生当前的能力与才干，还要重视其各方面发展的可能性，按照学生的特性对其加以引导。瞿老师把她设计的“自我人生规划”方案递给我。

这份“自我人生规划”方案很有价值。我在学生写的随笔中感受规划在他们心中的反响。

大宝同学在《心灵的人生导师》中写道：“那是高一年级的第二次班会课。瞿老师为我们讲解了学校的‘卓越’理念和‘精英人才’培养目标——你们是二附中最优秀的学生群体，如果你们没有卓越的追求，那么我们国家的‘精英人才’又能在哪里？瞿老师带领我们就‘精英人才’的标准展开了一次‘头脑风暴’。班级主席团把各小组讨论结果汇总成《我离精英有多远》的材料，开始了我们长达三年的人生规划的教育过程。

“不管是就近的一小步还是人生的远景，关于学习任务、职业方向、爱情选择、政治理想，在人生整体价值中的方方面面，我们都对自己每学期所要达到的目标进行了有梯度的规划。每个学期进行执行效果自我检测，瞿老师还安排相关的主题教育课或人生讲座。在这个过程中，瞿老师教会我们发现问题和有针对性地解决问题，教会我们建立以真实人物为蓝本的人生坐标。三年来，我们通过不断修正自己的人生理想，从虚无缥缈到可以触摸的明确目标，确实受益匪浅。

"高一第一次填写'自我人生规划'，我是选择做'普通的好人'，我没有什么远大的理想和目标。瞿老师说：'拥有成功人生的人往往较早树立明确的人生目标，在优秀同学的班级里，你的未来定位要有考虑。'之后，我对自己的未来进行了重新思考，充分发挥自己所长，创造更大价值，为我生活的世界服务，让集体因为我的存在而骄傲，让爱我的人感到幸福。瞿老师肯定了我的思考，并在我的本子上写下一句至理名言：现实是此岸，理想是彼岸，中间隔着湍急的河流，许多行动则是架在川上的桥梁。我终于明白，有了理想目标促使我信心倍增，努力完善自己。"

瞿老师怀着为祖国培养"精英"人才的理想，遵循宏观引导的班主任工作原则，开始了她的"自我人生规划"教育实验。大宝同学"人生规划"开始的目标是"普通的好人"，瞿老师引导他重新思考，完善人生目标，提升了境界，为成为精英人才做好必要的准备。人是独特的生命存在，他需要自由的选择空间，教师不是权威和绝对真理的化身，但是学生要在教师引领下自我反思与透视来获得真理。瞿老师的主题班会是成系列的，为班级每位学生建立"成长档案"，书写自己的人生。

瞿老师充分挖掘家长的教育资源，她在高二的寒假前给家长写了一封公开信，邀请家长以"我的理想之路"为题，给自己孩子写一封信。开学后利用班会课，由学生阅读并发表即兴感言。效果是出乎意料的好，大多数学生表达了对家长的感激之情，也有学生的感言流露了委屈情绪。于是瞿老师组织班干部商议策划了一场亲子活动。这个活动以互动游戏的方式增进家长与学生之间的了解，更重要的是让家长理解"自我人生规划"对孩子"卓越发展"的深远意义，加快学生“克服缺点、追求卓越”的前进步伐。

张品超同学接受我访谈时讲了他融入集体的故事。他是班上为数不多的外地学生，性格内向，不善交际。尽管当化学课代表，自己觉得没有为班级做多大贡献。班级要把“心理部长”一职交给他。他知道这是负责同学生日会的策划和举办，做事不怕，就怕亲自上阵担任生日会的“主持人”（他就怕在公众场合表达不好），于是他向平时很和善的瞿老师说出了自己的“恐惧”心理。

“你的作文写得很好，文字表达没有问题”，瞿老师拒绝了张品超的要求，“你的语言表达与文字表达差距很大，肚子里有货说不出来，这不正是锻炼口才的好机会吗？好好干吧，你肯定可以的。”

第一次主持生日会，提前写好串联的稿子，事前默默地温习每句话。每个环节的引入乃至突发情景的应对都想好了，但跨步到讲台前主持的那一刻，他心跳得更厉害了。

之后的生日会，就不再准备稿子了。开场，串联，调节，收场，都是即兴表达。“到了后来”，张品超兴奋地告诉笔者，“甚至喜欢在讲台前给同学讲我想说的话，每一次政治课的时政演讲，英语课的口语展示，都有上台的期许和珍惜。虽然讲得不怎么好，但至少从恐惧发言到期待表达了！”

张品超从内心深处感激瞿老师看准他的缺点而为他提供锻炼能力的平台。特别是在清华大学三位教授自主招生面试时，张品超依然能镇定地侃侃而谈，并顺利通过，这种喜悦之情更不是一句“感谢”所能涵盖的了。笔者再度引用瞿平《以理想引路　用智慧带班》里的总结话：“一切文明为人类所创造，而一切创造未来文明的人就由教育所掌握。今天的教育教出什么样的学生，也就预示着将来拥有什么样的世界；今天中国教出什么样的学生，也就预示着明天我们会拥有一个怎样的国家。所以说，身为教师的我们在某种程度上掌握着国家、民族的未来。思量至此，我们怎能不心存惶恐、倾心耕耘呢？”我释然了，瞿平正是从国家、民族的未来的高度从事教育，当好这个班主任，而且唯恐失误，从而有“惶恐”的危机感与使命感，因此勤奋地投入到她的每一项教育实践的活动中。

学校和教育的作用就是提供一个促进学生自我发展的平台。学校应该帮助学生理解他是什么样的人，适合做什么，根据他的性格和他自己的才能充分激发他的潜能，满足他的心理需要，以达到最佳发展状态，即自我实现的境界。瞿老师的“自我人生规划”的价值就在这里。因此，瞿老师参加由中国管理科学院基础教育研究所和中国智慧研究会教育研究所共同举办的“首届全国绩效班主任培训班”时提交的《自我人生规划》论文被授予一等奖并获得“全国中小学绩效明星班主任”的荣誉称号，这一称号她当之无愧。瞿平的班级每学期都被评为先进集体，2008 年被评为上海市先进集体。

语言魅力铸脊梁

作为一位语文教师，瞿平并不因为班主任工作的繁忙而放松语文教学的要求，相反，她十分专注地研究语文课堂育人艺术。自 1999 年以来，她长期担任理科班的语文教学工作。她抓住理科学生思维活跃、善于思考、有一定独立意识的特点，将全班学生分成若干研究小组，精选文本，解剖其语文表达特征，提高他们的鉴赏能力和审美能力，受到了学生的欢迎。与此同时，她深入研究教学基础理论，并参与华东师大出版社《新标准语文学本》和上海市二期课改教师用书的编写工作。还受华东师大教务处聘任，成为华东师大免费师范生导师，先后带领两批学生参与教学实践活动并开设讲座。2008 年 4 月，瞿老师参加了著名特级教师于漪老师语文德育实训基地。在与于漪老师紧密交流的日子里，瞿平老师的教学艺术更上一层楼。

于漪语文德育实训基地在华师大二附中活动，瞿平老师执教《想北平》一文，作者老舍先生是我国现当代的语言大师，这篇散文写于 1936 年，作者当时不在“北平”。那时日本帝国主义加紧了对中国的侵略，适应日本侵略需要的“冀察政务委员会”成立，华北危急，“北平”危急！热爱“北平”的爱国知识分子老舍忧心如焚，思念家乡之情更为强烈。《想北平》是作为“两纲”教育的实验课程，文中所包含的作者对于所生所长的那片土地、那份文化的热爱之情，正是培养学生文化认同、提升民族自豪感的最好教育蓝本。瞿老师从学生预习所产生的问题出发进行教学，作者开头情不自禁地说道“我真爱北平”，但他马上又说“这个爱几乎是要说而说不出的”。学生中有“说不出”和“说出来了”两种意见，瞿老师就让他们从文本出发，意见互相交锋、碰撞。这“说不出”三个字，在两段文字中四次出现，反复强调，作者解释是因为他“不是诗人”，不会“把一切好听好看的字都浸在自己的心血里，像杜鹃似的啼出北平的俊伟”，即使用尽了“一切好听好看的字”也难以道尽自己对“北平”的爱。于是，老舍用最通俗质朴的言辞，用最能引人共鸣的表达方式，将自己对“北平”的感情上升到爱母亲的高度。

生：文中第四段“巴黎有许多地方使人疲乏，所以咖啡与酒是必要的，以便刺激；在北平，有温和的香片茶就够了”。这是一种对北平的偏爱。

生：还说到伦敦、罗马。

师：哦，老舍还把北京和伦敦、罗马相比，告诉我们什么？

生：对北京的偏爱。

师：老舍把北平与巴黎比，也和伦敦、罗马比，还看不上哪里？

生：（群答）上海、天津。

师：啊，瞿老师来上海这么多年了，还是觉得北京比上海好。这叫作情有——

生：（群答）独钟！

老舍把自己对北京的爱，在与巴黎、伦敦等城市比较中凸现出来，情有独钟的爱从学生群答的声音里流露了出来，“我所爱的北平不是枝枝节节的一些什么，而是整个儿与我的心灵相黏合的一段历史、一大块地方”。

这堂课上完以后，于漪老师做了点评。于漪说：“《想北平》这节课切入方式很生动、亲切。”于漪认为，语文教学中语言文字的表现力、生命力与民族精神水乳交融、交相辉映之时，璀璨的明灯就在课堂上冉冉升起，化为情思，震撼心灵，让人在精神上获得滋养与满足。生命教育是学生成长的内在需求，文质兼美的课文是作者生命的倾诉，将三者艺术地完美地融合，是语文教师的责任、智慧和创造力的发挥。

人的教育显个性

瞿平老师在《语文学习》上发表的《冰冷的概念与温暖的触角》一文中写道，语文教育“人文性”的核心是“人”的教育，我因而也就理解她在《想北平》教学中把老舍爱北平这颗“鲜活的心灵打开，并让其伸出一只只温暖的触角去触摸学生心灵的最深处，从而修复他们已经破损的心灵情感的神经末梢”的用意了。

我观察了瞿平老师所教学生的作文发现，他们的语言表达率性而流畅，表现自己独立观察的感悟，显示了他们自己的个性。瞿平有次布置《树的联想》这个题目，我阅读这些文章后有个直觉：尽管都依托树的形象，但它们寄寓的题旨是各不相同的。

王圣洋的文章开头用质朴的文字叙述屋外街边的一排苍老而粗壮的梧桐：斑驳暗淡的树皮，干枯纤弱的树梢，“周围似乎弥漫着一股老人的气味，实在不讨人喜欢”。

“实在不讨人喜欢”的梧桐，它似一尊石佛那样巍然不动。在春意盎然的季节，高处的树尖上嫩绿的星星点点，它在微笑。“是这暖意让人欣喜么？是这蓬勃生机让它怦然心动么？”连续追问，照应上节文字中“实在不讨人喜欢”，行文到此，读者都会睁大眼睛看下去。

秋日午后，金色蝴蝶般的叶子从枝头落下，希望在风的帮助下飘得更远些，落得更慢些：“脚下的土地我已看透，还想知道远方的土地究竟如何的模样！”叶子的如此心情，“我们是否理解呢？”又是一问。“那些周游列国的贤者们，那些游遍山川以求广阔胸襟的文人墨客们，那些徜徉于宇宙与星空的先哲先知们，他们的灵魂，此刻被那小小的一片梧桐叶所释放了出来。”

“再一次仰望树吧！”这一呼告，既是对开头“不讨人喜欢”的人善意的警示，希望像先贤们、文人骚客们、先哲们那样读懂树的叶子远行时的生命告白，又是理解文章作者感悟的答卷，“我手中那金黄的枯叶却恰好成了我饯行的礼物”。

一片树叶成为礼物收藏，在另一位作者姜圣芃的收藏夹里，即使同样是《树的联想》这个题目，却写出别有洞天的景致了。作者叙述道：“我有一本收藏本，里面放的是不同的树叶，每每瞥见，总会想起那些书，那些地方，那些人……”

收藏哪些树叶呢？写哪些人呢？

> “不知细叶谁裁出，二月春风似剪刀”，细长的柳叶，温婉的柳树。吴声侬语，江南的人们都是诗人，享受着音韵之美。不知此景取自画中，还是画由此景而来。
>
> 尖锐的针叶聚成一束又一束，它们的锋芒是为了抵挡那北风的凌厉吗？思绪飘向了冬天里的东北，严寒似乎被人们的热情和豪迈所融化，即使冰天雪地也不改变应有的生活情趣，这是何等的宽大气度！
>
> 硬朗的叶脉，粗犷的轮廓，这就是屹立于沙漠之中的胡杨树，“活一千年而不死，死一千年而不倒，倒一千年而不朽”，见到西北的人们，我顿时明白了。坚韧而顽强，刻在每个人的脸上，就像胡杨一般。
>
> 中国就是一片大森林，每个地方都有代表人们的树。这些树生长环境不同，却都能和谐地生长在一起，它们都同一个属性：中国。

我读到这里，很佩服这位从未谋面的姜圣芃构思之严密，用二、三、四段列举不同特点的树，象征三种国人的性格，而不同的性格又归纳出同一个民族共性——她的名字就叫中国！从文章结构来说，写到此步也已不错了，然而，再读下去，更是惊叹："感谢我们的祖国，将这么多地方融合却又能各自保持个性，这便是一个集体的最高境界。或许以后我还会去四川，找一棵叫乐观的树，在上海找一棵叫发展的树，也希望有一天，能在这片森林里，看到'回归'，它来自台湾……"我思之良久，表面上是作者希望充实他的收藏本的内容，由实到虚，但这个"虚"，分明又是很实的：汶川地震破坏性面前，四川人民乐观面对的气概；上海人民海纳百川，谱写持续发展的辉煌篇章；海峡两岸人民血浓于水，盼望台湾回归祖国的情怀，不正是中国崛起于世界东方的光辉图景吗？这段内容承接上段并予以深化，这也是作者思想境界的提升。

"合上夹子思绪依旧万千。闭上眼睛，似乎置身于一大片森林之中，虽然它现在只有六十年的历史。"虽然，这是纪念祖国六十年华诞的文章，卒章显其志，"有朝一日，它一定会比现在更为壮大，更为茂密！"结尾有力，余音绕梁。我惊叹于这位少年深邃的思想、遒劲的笔力。

《树的联想》只列举两篇，同样题目写出风格迥异的文章，显露创新的才华。我问及瞿老师与于漪老师的交往，她深情地回忆在于漪德育实训基地的温馨片断。我曾经也访问过于漪老师，于漪老师告诉我，瞿平老师不像有的老师讲自己怎么样怎么样，她更有自己的思想，认准了就努力去实践。

社团课程润泽生命

华东师大二附中长期致力于优秀学生的培养，特别是对卓越学生的特征及培养路径的研究，是学校教育教学的重点，并成立了卓越教育研究所。

2009 年 12 月 9 日，华东师大二附中举行教师论坛活动，这次活动由四个教师发言，其中就有瞿平《心怀祖国、放眼世界——基于模拟联合国活动的二附中学生国际视野培养》的报告。

2004 年，校长何晓文将北大"模联"的邀请函交给当时在学生处负责学生活动的瞿平，让她组织学生参加这项活动。瞿平老师说："与其他中学生社团不同，参加模拟联合国社团活动需要充分的知识储备，它不仅需要青年学生对联合国组织结构程序和功能有一定的认识，更需要学生对当前国际问题有相当的了解。”总之，在前期准备过程中，学生们已经完成了一次国际问题及国际机构的研究，模拟联合国为学生提供的是一个动力——激励我们广泛地学习、积累不同方面的知识；是一种热情——激发我们关注世界发展的动态，参与推动社会发展；是一个导向——引导我们培养广阔的胸怀和国际视野。

2008年春天，瞿平带领华东师大二附中“模联”一行出席在北京大学举行的全国中学生的“模拟联合国”活动。每位学生都有“安全理事会”“联合国开发计划署”等不同外交官角色，他们的行囊里都有相应的文件和资料。三天紧张的会议过程给参会“代表们”留下了深刻的印象。

孔馨瑶在2008年北大“模联”活动中获得“最佳风度奖”。她是学校2007年自主招生进入华师大二附中的，来自曹杨二中，理科成绩出众，英语口语好，报名“模联”，经口试吸收了她，瞿平老师记得清清楚楚，在“模联”不到一年的时间里，孔馨瑶迅速成长为一名行事干练条理清晰的领导者，担任了“模联”主席的职务。进入高三，孔馨瑶又以出色的理科成绩获得北京大学的保送名额而转到瞿老师的班级。2010年8月笔者采访她：“瞿老师对你的要求是什么？”

“三年来与瞿老师接触不少，”孔馨瑶思考以后说，“接手模拟联合国社团伊始，总结经验让新一届社团日常培训步入正轨。瞿老师希望在‘模联’原有活动之外，拓展出模拟人大的活动，旨在将‘模联’关注社会、沟通合作、领袖气质等核心价值传递给更多的学生，让‘模联’的教育意义得到拓展。这个任务落在我的肩上。这是一次挑战，在前期设计规划流程中研读很多人大相关材料，这一切对我而言是全新的工作能力的磨练。”

孔馨瑶又深有体会地说，初中毕业走进华师大二附中，对自己的预期比较平凡，不觉得自己也能做到“优秀”。但是“模联”瞿老师给自己提出很多挑战，在顺利完成这些挑战之后往往是能力上的卓越发展，也意识到自己有能力做“不太普通”的事情，也敢于向着学校所提倡的“追求卓越”而迈进了，这与“瞿老师对我的信任和培养是密不可分的！”目前，学生模拟人大项目已经成为学校模拟联合国社团每年必搞的一个传统活动。

说到“模联”人的成长，还有一个叫谢寅玺的学生也值得研究。这个大男孩高一、高二都是瞿平班的学生，初中阶段头顶着无数荣誉，理科很好，瞿老师鼓励他走上竞选学生干部的道路，在班长岗位上调动一班人的力量，最终当选了学生会主席，仍然对同学彬彬有礼，厚道待人。他的数理学科很好，但在物理联赛中失利，高三阶段读书转到了理科（2）班。

第一次参加北大“模联”会议，让这个曾经自信满满的孩子备受挫折，强手如林的环境给他带来巨大压力，他回来后给瞿老师的邮件中这样写道：“这三天的活动对我来说仿佛过了三年”。

瞿老师在给谢寅玺的回信中这样写道：

“在横向的比较中会有很多反观自身的机会，我相信这次的北京之行对你来说有着重要的意义，我想提醒你的是，需要改变的不是你的做人原则，而是你的待人、待事的态度。不要为了芝麻放弃了西瓜。

“当你站在更高的位置上，你会发现这个世界很丰富，人群形态各异，良莠不齐，按照自己的是非标准，选择你自己喜欢的样子去做人，理解那些你不喜欢的人群，他们的存在有他们存在的道理。

“有句话说：人类一思考，上帝就发笑。我想说，我们虽然不是上帝，但可以努力地接近上帝的位置，那么我们也可以偶尔向上帝那样发笑。”

“模联”归来不久，谢寅玺就开始了学生会主席竞选的历程，最终以高票当选。当然上天并不总眷顾这个孩子。我在电脑上收到谢寅玺发来的两封电子邮件，他告诉我，当他竞赛失利，离开（1）班，一个人静静地坐在（2）班教室里，耳边传来隔壁保送同学的欢声笑语，心里涌上一种无奈；一种浸满着的辛酸让他五味杂陈，第一次一个人在黑暗中哭泣，第一次感受到无助和失望。

“在绝望中寻找希望，人生终将辉煌。记得这句话曾像雪中送炭一样重新燃起了我奋斗的光芒。”

我心中暗暗吃惊，这个大男孩的感情世界如此丰富，但又如此坦诚！

他称瞿平是恩师，从她那里学到了统筹全局的方略，还回忆跟随她在北大模拟联合国赛场和筹备“模联”的温馨时光。

“你真的长大了，成熟了，不再是我刚刚认识的那个心怀远大理想但整日陷于迷茫之中的大男孩儿了。知道吗？看到你最后一份调查表上那个理想栏里的‘待定’，我笑了，因为我知道你在以某个具体的特定目标来要求自己了，这不是退步，这是升华！或者是升华之前必有的涅槃。作为一个拥有科学理想的人，‘诺奖’自然是一种荣耀，但它不适合也不应当成为人生的具体目标，执着于科学本身的快乐的人才是真正纯粹的科学家。

“对于一个有志向的人，人生中的任何一种经历都会化作今后的财富，无论是成功还是失败。我想你已经比很多同龄人提早理解了这句话的含义，今后你一定会在更深层意义上理解今天你尚不能理解的很多问题。就像我们初读古代先贤的作品时，只觉得背起来很麻烦，而真正有过一定的生活阅历之后，方感那些句子历历在目……”

高考历练过的谢寅玺成绩优秀，拿到了清华大学录取通知。他第一时间给瞿老师发了短信：“谢谢您！”瞿老师回了一个笑脸——久违的笑脸。

教师应该是火把，用智慧和关爱融化冰霜，让学生感受到温暖和光明；让学生学会选择，认清充满光明的道路，披荆斩棘地前进；让学生的生命润泽着理想的光亮，迈向幸福的彼岸！这是瞿平真切的感悟。

探寻榜样足迹

瞿平老师办公室的书吸引眼球：《中国高端访问》（13 本）《上海领军人物》《联想教父柳传志》《猛牛牛根生》《激情俞敏洪》《追梦人陈天桥》《绚丽的生命风景线》……

瞿平见我关注书橱里的书，心里也明白了我的意图。

瞿平告诉我，华东师大二附中对于已经保送的智优学生，探索培养模式已经多年了，除了选修大学课程外，还重视实际设计课程。何晓文校长十分尊重她的建议，瞿平根据学校“追求卓越”的办学理念，设计了两个课题：一是《二附中历届理科班学生人生轨迹跟踪报告》，二是《中国当代领军人物人生轨迹跟踪报告》。

“这两个课题实施过程顺利吗？”我急切地问道。

瞿平思索片刻，明确地说：“实施过程很艰苦，但收获颇丰。”

两个课题的书稿，都是学生们在离开母校走进理想高校前完成，瞿老师郑重地放在我的手上，沉甸甸的两大本。

学生在老师指导下做研究课题，在华东师大二附中是有传统的，不过像这样规模大、头绪多的综合性课题，在我看来还是有很大难度的，我很有兴趣研究，也许能读出“绚丽的生命风景线”呢！

瞿平对两个课题的指导，按难易度做出不同处理。理科班的跟踪报告实验是从1993年开始的，采访对象从学校档案或历届班主任那里选取，校内就可以找到线索。学生姚颖琪说尽管以前从未有过对多人同时采访的经历，但就在与他们随意交谈中就获得了很多信息，他们对过去的校园生活有着快乐的回忆。姚颖琪还用电子邮件的方式与学长交流。她感悟到“与陌生人取得联系的能力、与初次见面的人进行深度聊天的能力等都是做课题获得的宝贵财富”。

瞿平对《中国当代领军人物人生轨迹跟踪报告》课题进行指导，在学生选择阅读偶像的材料准备进一步研究之时，他代表学校写一封求助信，阐明华东师大二附中办学理念，赢得了信任，使学生与受访者的“对话”继续下去。课题将领军领域做了分类：教育界、制造业、建筑业、交通运输业、金融业、体育界、房地产和商业零售业等，这些正在走进理想大学的学子，从领军人物人生轨迹中探寻自己应走的道路。清华大学教授朱邦芬接受学生采访时说：“华东师大二附中有一批同学很优秀。第一要立大志向，为国家、为民族、为世界的科技做出贡献；第二做好人生规划很重要，不要走一步算一步；第三脚踏实地走好每一步，自由地发展。人没有使命感，潜能就发挥不出来。”

两个课题组成员都是根据自己的意愿选择课题，历时半年多时间进行采访、撰写文稿，体会是很多的。

丁霄哲说："学长们的经历成为我的课本，他们走过的路，很有可能就是我们未来要走的路——黄学姐给我们做性格测试，教我们做人生规划；窦学长带我们参观实验室，为我选择生命科学鼓劲，这些都是我在参与课题的过程中收获的财富。"

严箴劼总结道："采访学长们过去的教育经历，仿佛那些从前的故事也曾发生在我们的身边。华东师大二附中理科班共同的特点，我的理解包括充满自信、崇尚自由、独立思考而有抱负。这就是理科班的小环境……这种教育使得中国中学生在更加自由的环境中完成高中生活。"

如果说只有那些真正为学习者所经历、体验、理解和接受、内化了的东西，才称得上是课程，那么也只有在以学习者为中心，以学习者自主获得学习经验为目的的课程已经成为脚踏实地的实践时，这样的课程才真正显现出无穷的教育力量。这样看来，瞿平带领学生完成探寻榜样足迹的课程，也是具有特殊意义的。

我问及她未来的打算，她说："学生渴望快乐、成功，我要陪伴他们成长。"瞿平说得平平常常。

瞿平老师现在已被上海市教委聘为上海市班主任工作室的带头人，她已经完成了工作室规划方案的制订工作。她说她的工作室将侧重研究高中智优学生培养和资优学校班主任工作，以上海乃至祖国未来二十年所需要的人才特征为基本研究起点，力争以高屋建瓴的姿态研究班主任工作，注重挖掘中青年班主任的职业崇高感，从根本上调动他们的工作热情与职业使命感，从而带动其工作能力与技巧的提高。

这次作文为什么写好了？

1964年11月21日《人民日报》刊登了我校部分学生参加掏粪劳动的作文，使我受到很大的启发和教育。

我们语文教师，有一半时间埋头于学生的作文堆里。可是常常苦恼着：学生作文内容贫乏，语言干枯，怎么提高？我也想过并采取过很多措施，比如让学生多读好文章，摘取好词句；讲构思；讲联想……然而学生的作文水平还是没有提高，或者提高得很慢。

我们班学生参加掏粪劳动以后，我就让学生用这个主题写一篇作文。作文收上来了，真是耳目一新。内容都很具体，语言朴实畅达。像刘学勇的《我受到的教育》，就写得很好，使我想清了一些道理。

凡是学生没有亲自经历过的事情是无法写好的；只有他亲身体验过，并且深刻认识了的事物，才能成为他作文的对象、材料。

我们语文教师都对学生讲如何开拓作文的思路，我看有意识地指导学生抓住认识事物的过程，这也就是作文的构思。这次我指导学生作文时，对他们说："仔细想想，你在掏粪劳动中有什么思想矛盾，具体表现是怎样的，又怎么解决的，要具体写出来……"我还鼓励他们展现思想，并写出思想轨迹和提高过程。刘学勇在总结这次作文收获时说："这次掏粪，思想波动很大，一开始，不大乐意去；劳动的时候，工人叔叔的朴实行动和亲切教导以及老大爷的话都挺感动人的……"在作文里他具体、生动地写出了思想提高的过程。我们透过他对大粪、对掏粪工人的感情变化，深深地体会到：只有参加劳动，特别是艰苦的劳动，才能培养青年学生具有劳动人民的思想感情；也只有当他们通过自己的实践，认识了这个问题的时候，才有可能写出这样的作文。关在教室里，脱离实际，脱离群众，没有经过具体的思想认识与洗礼，那么思想认识不可能真正提高，也就写不出好的作文。

毛主席说："人的正确思想是从哪里来的？是从天上掉下来的吗？不是。是自己头脑里固有的吗？不是。人的正确思想，只能从社会实践中来，只能从社会的生产斗争、阶级斗争和科学实验这三项实践中来。人们的社会存在，决定人们的思想。"我们学生的正确思想，自然不是"从天上掉下来的"，也不是"头脑里固有的"；而只有在社会实践活动中，在与群众的接触中，先进的思想才会逐渐地培养起来、丰富起来，才有可能更深刻地理解事物和革命思想。毛主席在《实践论》中说："感觉到了的东西，我们不能立刻理解它，只有理解了的东西才能更深刻地感觉它。"这个认识规律对学生们是同样有指导意义的。学生杨金坡总结收获时说："我现在才真正体会到，只有在实际锻炼中提高认识能力，才能看清什么是对的，什么是错的；什么是该写的，什么是不该写的……"实践证明：要写好有关劳动的作文，一定要参加劳动实践。

由此我感到，我们有些语文教师对于如何提高学生作文水平还没有抓住关键；笼统地谈论要结合实际，而不去组织学生亲自参加实践活动，恐怕是不能解决实际问题的。我从工作实践中体会到，提高学生作文的关键是：让学生走出狭窄的教室，参加社会实践，在艰苦劳动的实践中，结合学生实际，促进学生思想观念的深化，提高思想觉悟和认识水平。这样，在学生提高觉悟、提高对事物认识的基础上，作文的思路、构思问题就迎刃而解了。

当然，这并不是说语文知识可以不要讲了，课外阅读不要抓了，读书笔记不要求学生写了。这些毕竟都是学习运用文字的手段，而学生对事物的认识水平、感情的丰富程度，才是写好文章最根本的一环。

历史的印痕

2013年6月22日下午，宜川中学1985届初中一班师生聚会，我受邀参加。聚会时，陈超的手机里还保存着我将他的作文推荐到兰州《少年文史报》的照片，并告诉其他聚会同学。说实在的，过往的细节我已记不起来了，但这事情是真实的，成为了历史的印痕。

我的同桌不糊涂了

上海宜川中学　初二　陈超

听说，班里要调位子了。我心里不安起来：如果跟很差的同学坐在一起，那就倒霉了。果然。不出我所料，我和班里常常是第40几名的林嵘同桌。我觉得这下可完了，一切都完了！他会不会影响我的成绩？我要不要帮助他？我们能很好地相处吗？一连串的问号在我的脑海中出现。

一天，上几何课时，只见他直发愣。课后做练习时他问我："这道题怎么做？"

我轻蔑地瞟了一眼他的本子，"哼"了一声，冷冷地说："谁让你上课不听的！"

"我……"他咬着笔，两眼望着题目直发呆，拳头捏得很紧，很久，很久。

这两天上代数课时，我觉得林嵘有些异样：他坐得很端正，两只手也不像往常那样一刻不停地东摸西摸。我有些诧异。不一会儿，老师让我们做课堂练习。心想：这种题目，我是不在话下的。于是，我漫不经心地做着，边做边四处看看。我发现林嵘做得那么认真，要是在往常，他准是又胡乱涂上两笔。咦，他换了新本子了。记得他过去的本子上满是乱七八糟的东西。我更觉得奇怪。不一会儿，我做好了，等着老师叫我们对答案。这时，林嵘也做好了。老师让我们同桌的两个人把本子交换着改。想不到，林嵘竟全对了，而我却错了两道。真是令人吃惊。我的脸热辣辣的。

我仿佛今天第一次认识林嵘，真正认识了他，也认识了自己。这几天，他每天中午去办公室补习数学，我们做一次练习，他做两遍。老师都说："糊涂林嵘不糊涂了。"

《少年文史报》1983 年 12 月 1 日

同学毕业将近三十年后聚会，异常兴奋。这篇作文的历史"印痕"也渐渐地明晰：刘雪丰回忆她的随笔本"丑小鸭"还珍藏着，老师的鼓励给了她自信；现在已从事新闻工作的李伶告诉我，刘雪丰的随笔本给予了她启发，而后读了复旦大学……这印痕对于我自己，分明是认识教育本质的源泉。

陈超是 1982 年 9 月进宜川中学读初中的，我当时是语文教研组长，重点抓口语训练和随笔本。陈超那篇写同桌的文章，我记得是随笔本里所选。他们班刘雪丰的随笔本"丑小鸭"则是作为典型予以宣传的。口语训练开始以《老师，你认识我吗》为题，课前由同学上台演讲，练胆量，练语言表达。最典型的是张君同学，表现极好。这两项实验得到两位班主任支持，效果是明显的。有的演讲内容还需要指导修改，陈超那篇就是一例，我寄到兰州《少年文史报》，他们竟然在第一版刊登，出乎我意料！

抓学生写作，也是我强调的。1964 年北京九十一中学学生掏粪劳动后的作文写作由我辅导，学生作文登在《人民日报》《光明日报》，后来又连同经验总结刊在 1965 年的《文汇报》上，引起同行的关注。

几十年过去了，陈超还保存着少年时代的习作，刘雪丰还珍藏着当年的随笔本。历史的“印痕”，分明蕴藏着教育的魅力！

2014 年 9 月第 30 届教师节之际陈超给我写信道：“您是我生命中的重要人物。”

指导学生作文并推荐发表，这是老师应该做的，在他生命发展中提供了正能量并加速了学生的发展，正是每个老师都企盼的啊！

后记

《守望师道》的编写初心，就是在编辑《校长之友》的过程中逐步理解“师道”的意义。我的序主要是请上海和北京的学生讲述教学相长的故事。

高三毕业时班主任李金光老师推荐我读北京师范大学，“学为人师、行为世范”的校训滋润我一辈子当教师而不改初衷。北京师范大学的校歌给予我谆谆教诲：“往者文化世所崇，将来事业更无穷，开来继往师道贯其中……”我从杏坛先贤“师道”长廊里“学为人师”，也探寻当代名师传道、授业、解惑中的“行为世范”。

从 1958 年走进北京师范大学读书开始，到 1999 年从崇明中学退休，始终在校园里读书、教书、写文章，话题离不开学校教育，在此期间所写文章大部分收录在《语文教师的视野》和《校园韵律》里。

我退休后受上海教育学会高中教育管理委员会的聘请编辑《校长之友》，至 2016 年 5 月共编辑 46 期，约 400 万字，在此期间参加申粤辽四次高端教育论坛，传递辽宁广东两省先进教育理念，也向兄弟省市介绍上海教育经验，并向北京的《教育论坛》推荐和刊出多篇文章，得到好评。育人兴邦众愿同。我将《守望师道》的书稿献给热爱教育事业的朋友，治学修身乐为公，薪火相传志恢弘。

俞达珍

2017 年 7 月